일간의
성탄묵상 Ⅱ

나를
일으켜
세우는
말씀

요한복음을 중심으로

이장렬·이충재 공저

나를 일으켜 세우는 말씀
25일간의 성탄 묵상 Ⅱ
요한복음을 중심으로

1판 1쇄 인쇄 2020년 11월 30일

지은이	이장렬 이충재
발행인	이요섭
기획	박찬익
편집	이인애
디자인	김한솔
제작	박태훈
영업	김승훈, 김창윤, 정준용, 이대성
펴낸곳	요단출판사
등록	1973.8.23. 제13-10호
주소	07238) 서울특별시 영등포구 국회대로 76길 10
기획 문의	(02)2643-9155
영업 문의	(02)2643-7290
팩스	(02)2643-1877
구입 문의	요단인터넷서점 www.jordanbook.com

값 10,000원
ISBN 978-89-350-1871-0 03230

- 이 책의 한국어판 저작권은 저자가 소유하고 있습니다.
- 저자와 출판사의 사전 승인 없이 책의 내용이나 표지 등을 복제, 인용할 수 없습니다.

나를 일으켜 세우는 말씀
25일간의 성탄 묵상 II

요한복음을 중심으로

이장렬·이충재 공저

추천사

신학자의 지성과 목회자의 영성으로 어우러진 <나를 일으켜 세우는 말씀 25일간의 성탄 묵상 Ⅱ> 발간을 감사하며 축하합니다. 함께 모일 수 없는 코로나 팬데믹 상황에서 본 묵상집이 나온 것은 우리 모두에게 위로이며 격려입니다. 이 책을 통한 말씀 묵상이 독자들께 예수님의 탄생을 진정 축하하며, 탄생의 의미를 가슴에 새기고, 새롭게 일어설 수 있는 기회가 될 것임을 확신합니다. 좋은 책이 멋진 인생을 만듭니다. 이 책이 독자들께 바로 그런 책이 될 것을 확신하며 모든 분에게 마음을 다해 추천합니다.

유관재 목사, 성광교회 담임

찬란한 단풍이 거리에 날리고 코트를 입은 사람들의 모습이 눈에 띄기 시작하면 한 해가 서녘 하늘에 걸린 시간입니다. 그러면 온 세상에 병풍처럼 드리워진 어둠을 밝히는 성탄절이 다가옵니다. 성탄에 대한 최고의 준비는 어둠 속에 있는 우리에게 자유를 주기 위해 오신 예수님을 묵상하고 그분을 마음 중심에 주인으로 모시는 일입니다. 두 저자는 올해 최고의 성탄 선물을 준비하셨습니다. 책 어느 곳을 펼쳐도 하나님의 아들 예수 그리스도를 만나게 해 줍니다. 한 해 끝자락 12월을 예수님을 만나는 기대와 설렘으로 이 책과 함께 보내신다면, 생애 가장 의미 있는 한 달이 될 것입니다.

류응렬, 워싱톤중앙장로교회 담임,
고든콘웰신학대학원 객원교수

요한복음을 흔히 '가장 쉬우면서 동시에 가장 어려운 책'이라고 합니다. 성도라면 성탄을 준비함에 있어 무엇보다 예수 그리스도가 누구신지를 분명히 알아야 하는데, 여기 두 저자가 좋은 길잡이가 되었습니다. 언택트(비대면) 시대 가운데 맞는 이번 성탄 절기 가운데 말씀 묵상을 통한 영택트(주의 영이신 성령을 대면)를 바라는 모든 분께 이 책을 추천합니다.

이상표 목사, 원주 온누리침례교회 담임

저자 소개

 이 장 렬(Days 1~11저술)

이장렬 목사는 서울대학교(B.M.)를 졸업하고 서든침례신학대학원(The Southern Baptist Theological Seminary)에서 목회학 석사과정(M. Div.)를 이수했으며, 영국 에딘버러대학교(University of Edinburgh)에서 신약학 박사학위(Ph.D.)를 취득했다. 에딘버러대학교 재학 중 King's Evangelical Divinity School에서 가르쳤으며, DAAD 장학생으로 독일 튀빙겐대학교(Tübingen University) 개신교 신학부에서도 연구했다. 2010년부터 캔자스시티에 소재한 미국 남침례교단 소속 미드웨스턴침례신학대학원(Midwestern Baptist Theological Seminary)에서 신약학 교수로 후진을 양성하고 있으며, 복음서 연구와 신약 기독론 분야 등에서 연구 및 저술 활동을 하고 있다. 2014년에는 재직 중인 신학교에서 <올해의 교수상>을 받기도 했다.

모국어가 아닌 영어로 원어민 학생들을 가르치는 그는 '영어로 말하는 것은 내 책임, 알아듣는 것은 학생들 책임'이라고 재치있게 말하지만, 강의실에서는 부흥회를 방불케 하는 열정적 강의를 하는 것으로 알려져 있다. 그간 한국, 미국, 영국에서 다양한 한국어권 및 영어권 회중을 섬겼지만, 성도님들께 배운 것이 훨씬 많음을 솔직히 털어놓는다. 또한 성경에 대해 잘 모르는 부분이 아직 너무 많지만, 그만큼 배우는 과정이 보람되고 즐겁다고 말한다. 아울러 일과 중 성경을 묵상하는 시간과 일과 후 가족과 함께 보내는 때가 제일 행복하다고 털어놓는다.

Christological Rereading of the Shema in Mark's Gospel (Tübingen: Mohr Siebeck, 2020)을 출판하는 등 활발한 연구와 저술 활동을 하고 있지만, 이외에도 말씀 묵상에 근거하여 쉽게 이해되는 설교를 하고 쉽게 이해되는 글을 쓰는데 큰 열정을 갖고 있다. 신학교 사역 외에도 여러 차례 임시 목사나 설교 목사로 지역교회를 섬긴 것은 그러한 열정을 잘 드러내 준다. 아울러 요단출판사와 함께 출간한 여러 권의 책 역시 그런 열정의 산물이다. 요한복음 21장에 대한 21편의 묵상을 담은 책「네가 나를 사랑하느냐」는 2017년 12월에 출간되어 많은 사랑을 받고 있으며, 「예수님의 고난과 부활에 대한 40일간의 묵상」은 2019년 2월에 출간되어 바로 2쇄에 들어갈 정도로 큰 호응을 얻었다. 2019년 하반기에는 마태복음 1-2장을 다룬「25일간의 성탄 묵상」과 바디매오 본문(막 10:46-52)에 대한 10편의 깊이 있는 묵상을 담은「바디매오 이야기」가 출간되어 많은 관심을 받았으며, 2020년 상반기에 출간된「예수님의 고난과 부활에 대한 40일간의 묵상2」역시 많은 사랑을 받았다. 근래에는 이충재 목사와 공저한「나를 일으켜 세우는 감사」를 출간했다.

저자소개

 이 충 재(Days 12~25 저술)

이충재 목사는 하나님의 도우심으로 이스라엘의 회개를 이끈 학자 에스라를 꿈꾼다. 하나님의 말씀을 연구하고 준행한 완전한 학자인 동시에 이스라엘의 죄를 눈물로 자복하고 하나님의 율례와 규례를 가르쳐 돌이키게 한 에스라의 사역을 꿈꾼다. 언제나 하나님의 선한 도우심을 입어 주어진 일을 감당한 학자 에스라처럼 하나님의 선한 도우심을 매 순간 갈망한다(스 7:6, 9).

그는 중앙대학교 재학시절 예수님을 인격적으로 만나 신학자-목회자의 소명을 받고 합동신학대학원대학교에 진학하였다. 이후 고든콘웰신학교(Gordon-Conwell Theological Seminary)에서 신약학 석사를 이수하고, 서든침례신학대학원(The Southern Baptist Theological Seminary)에서 신약학 박사학위(Ph.D.)를 취득했다.

대학 시절 만난 은사의 영향으로 마태복음에 심취하게 되었으며, 「돌이킴(회개) 마태복음의 중심 주제 *Metanoia (Repentance) a Major Theme of the Gospel of Matthew* (Eugene, OR: Wipf&Stock 2020)」라는 제목으로 박사학위 논문을 출판하였다. 그 외에도 「마운스 헬라어 문법(복 있는 사람, 2017)」을 공역하였고, 박사 논문 지도 교수인 Jonathan T. Penningtonn의 산상수훈 주석집 *The Sermon on the Mount and Human Flourishing*(Baker, 2018)을 번역했다(가제: 「산상수훈과 참 인간 번영」 [에스라, 2020년 말 출간 예정]). 현재 영

문으로 출간된 박사학위논문을 한글로 번역하여 출판을 준비 중이며, 마태복음 해석서를 집필하고 있다. 미국복음주의신학회(ETS)에서도 여러 차례 논문을 발표하며 활발한 활동을 하고 있다. 고든콘웰신학교의 겸임교수를 역임했으며, 현재 미국 뉴저지 동부개혁신학교(Eastern Reformed Theological Seminary)에서 교수로 사역하고 있다. 최근에는 이장렬 목사와 공저한 「나를 일으켜 세우는 감사」(요단출판사)를 출간하기도 했다.

목 차

추천사	• 4
저자소개	• 6
들어가면서	• 12
이 책의 구성 및 활용방법	• 16

Day 1 말씀	• 20
Day 2 의존	• 26
Day 3 복된 자기부인	• 31
Day 4 증언	• 37
Day 5 자녀 됨	• 42
Day 6 성육신	• 49
Day 7 더 깊은 묵상과 기도(I)	• 55
Day 8 은혜	• 58
Day 9 친밀함	• 64
Day 10 아버지를 나타내심	• 70
Day 11 여정	• 76
Day 12 나는 생명의 떡이라(1): 죽음의 노예 vs 영생을 소유한 자유인	• 82

CONTENTS

Day 13 나는 생명의 떡이라(2): 생명의 떡인 예수님의 살과 피 · 89

Day 14 더 깊은 묵상과 기도(II) · 97

Day 15 "나는 세상의 빛이라"(1): 세상의 죄를 밝히는 말씀의 빛 · 100

Day 16 "나는 세상의 빛이라"(2): 첫 창조 vs 새 창조 · 108

Day 17 "나는 양의 문이라": 생명으로 들어가는 문이신 예수님 · 115

Day 18 "나는 선한 목자라"(1): 양을 대신해 목숨을 버리는 선한 목자 · 122

Day 19 "나는 선한 목자라"(2): 서로를 아는 선한 목자와 양 · 128

Day 20 "나는 부활이요 생명이니"(1): 더 큰 영광과 더 큰 믿음을 위한 더 큰 고통 · 135

Day 21 더 깊은 묵상과 기도 (III) · 143

Day 22 "나는 부활이요 생명이니"(2): 병 고치는 예수님과 죽은 사람을 살리는 예수님 · 146

Day 23 "내가 곧 길이요 진리요 생명이니": 따뜻하고 풍성한 아버지 집에 이르는 길 · 154

Day 24 "나는 참 포도나무요 내 아버지는 농부라"(1): 가지에 생명을 주는 포도나무 · 161

Day 25 "나는 포도나무요 너희는 가지라"(2):
         사랑하는 사람을 위해 목숨을 버리는 사랑의 열매 · 168

나가면서 · 177

들어가면서

하나님의 말씀을 대면하면서 그 가운데 인격이신 하나님을 만나는 기쁨을 누리게 됩니다. 그렇기에 성경 말씀을 통한 하나님 대면 그 자체가 우리 삶의 중심이 되어야 합니다. 어떻게 하면 내가 무엇을 더 알까 혹은 어떻게 하면 이것으로 성경 공부를 잘 가르치고 인도할지에 마음을 너무 많이 기울이고 있다면, 그 역시 우상숭배일 수 있습니다. 우리는 매일 살아 계신 주님과 그의 말씀 앞에 깨어 있어야 하며 말씀 묵상을 통해 주님을 대면해야 합니다. 이 책은 성도들이 말씀 묵상을 통해 주님을 대면하는 기쁨을 누리는데 작은 도움이 되었으면 하는 소박한 바람에서 쓰인 책입니다.

이 책은 크게 두 부분으로 구성되어 있습니다. Days 1-11(이장렬 저술)에서는 요한복음의 프롤로그(1:1-18)를 집중적으로 묵상합니다. 마태복음이나 누가복음과 달리 예수님 탄생 기사를 별도로 포함하지 않는 요한복음은 예수님이 누구신지를 먼저 프롤로그에서 선포합니다. 요한복음의 프롤로그(1:1-18)는 선재하신 말씀(로고스)이신 그리스도께서 이 세상에 오사 하나님 아버지를 인간에게 계시하셨으며 자신을 믿는 자들이 하나님의 자녀가 될 수 있게 하셨음을 찬미합니다. 그러한 찬미의 중심에는 예수 그리스도의 인격과 사역이 중앙에 위치합니다.

요한복음의 프롤로그(특히 1:10-12)는 예수 그리스도에 대한 두 가지 반응이 대조됩니다. 하나는 불신이고, 다른 하나는 믿음(즉 신뢰)입니다. "그가 세상에 계셨으며 세상은 그로 말미암아 지은 바 되었으되 세상이 그를 알지 못하였고 자기 땅에 오매 자기 백성이 영접하지 아니하였으나 영접하는 자 곧 그 이름을 믿는 자들에게는 하나님의 자녀가 되는 권세를 주셨으니(요1:10-12)." 불신 vs 신뢰의 모티브 외에도 요한복음의 여러 주요 주제들(성육신, 예수 그리스도께서 하나님 아버지를 계시하심 등)과 주요 표현들(생명, 빛, 영광, 독생자, 진리 등)이 프롤로그(1:1-18) 안에 등장합니다. 그런 뜻에서 프롤로그를 제대로 이해하는 것은 요한복음 전체를 이해함에 있어 중대한 가치를 지니며 요한복음의 주인공인 예수 그리스도의 인격과 사역을 이해하는 데 있어서도 큰 의의가 있습니다. 요한복음의 이어지는 내용(1:19 - 21:25)은 이 프롤로그에 비추어 이해되어야 한다고 말해도 결코 과언이 아닙니다. 그런 뜻에서 이번 성탄 절기를 맞아 요한복음의 프롤로그를 집중적으로 묵상하는 것은 중요한 함의점이 있습니다.

　Days 12-25(이충재 저술)에서는 요한복음에 포함된 예수님이 자신을 소개하고 계시하는 일곱 개의 "나는 ~이다(헬라어:에고 에이미)" 말씀과 그 인접 문맥에 등장하는 구절들을 묵상하게 됩니다. 하나님이 출3:14에서 "나는 스스로 있는 자니라(에고 에이미 호 온)"라고 말씀하시며 모세에게 자기를 소개하셨던 것처럼, 예수님도 요한복음에서 "나는 ~이다(에고 에이미)"라는 표현을 사용하여 자신을 하나님으로 계시하십니다.

　예수님은 "나는 ~이다(에고 에이미)"라는 신적 자기 계시(divine self-disclosure) 표현을 사용해 자신을 생명의 떡(요6:35, 48), 세상의 빛(요8:12, 9:5), 양의 문(요10:7), 선한 목자(요10:11, 14), 부활과 생명(요11:25), 길과 진리와 생명(요14:6), 포도나무(요15:1, 5)라 소개하십니다. 예수님은 이 일곱 가지 은유(metaphor)를 통해 자신이 누구이며 어떤 일을 행하는지에 관해 생생히 예시해 주시고 설명해 주십니다. 이 말씀들을 묵상하며 우리는 하나님의 아들이 이 땅에 오신 목적과 의미를 확인하고 성탄의 의미를 되새기며 예배의 자리로 나아갈 수 있습니다. 무엇보다 이 일곱 은유를 통해 목숨까지 내어 주신 주의 사랑을 마음 깊이 새기며 성탄의 참 의미를 묵상할 수 있습니다.

요한복음의 말씀을 통해 성탄의 크고 넓고 깊은 의미를 묵상하며 마음에 새겨볼 때 성탄이 주는 기쁨과 위로 역시 우리 안에 크고 넓고 깊어질 것입니다. 이 일곱 가지 은유를 묵상하며 각 은유 안에 담긴 예수님의 사랑, 그러니까 목숨까지 내어 주시는 그 놀라운 사랑으로 우리 마음이 가득 채워지기를 기도합니다. 그리고 그 사랑이 우리 개인과 공동체의 삶을 통해 시연되기를—비록 부족하나마 의미 있는 방식으로 보여지기를—간절히 소원합니다.

성탄절을 준비하며 많은 분이 예수님의 탄생 기사(마태복음 1-2장 및 누가복음 1-2장)를 묵상할 것입니다. 실제로 본서는 2019년에 출간된 「25일간의 성탄 묵상: 마태복음 1-2장을 중심으로」의 속편으로 준비되었습니다. 그러나 마태복음과 누가복음 서두에 등장하는 예수님의 탄생 기사와 더불어 요한복음의 프롤로그, 그리고 그리스도께서 자신을 직접 소개하시는 일곱 개의 은유 및 그 인접 문맥을 묵상할 때 성탄의 의미와 그 은혜가 더 깊게 깨달아지리라 믿습니다. 저희 두 저자의 해설과 함께 요한복음 말씀을 묵상하며 성탄절의 주인공이신 예수 그리스도께 주목하고 이를 통해 성탄의 의미를 깊이 새겨 보는 귀한 시간이 되시기 바랍니다. 나아가 요한복음이 계시하는 하나님의 아들 예수 그리스도를 더 친밀히 알게 되길 간절히 바랍니다. 많은 도전과 어려움을 직면한 이 시기에 우리 개인과 가정과 교회 그리고 세상 곳곳이 성탄의 은혜와 기쁨으로 새롭게 되기를 기도합니다.

마지막으로, 본서의 출판을 위해 수고해 주신 교회진흥원(요단출판사) 이요섭 원장님과 박찬익 출판팀장님, 그리고 모든 스태프분께 진심으로 감사드립니다. 늘 기도해 주시고 격려해 주시는 가족 한 분 한 분께 감사드립니다. 어둠이 이길 수 없는 빛이신 예수 그리스도(요1:5, 12:46, 16:33)만을 바라보며 어려운 시기에도 묵묵히 충성된 발걸음을 떼고 계신 목회자분들께 이 부족한 책을 헌정합니다.

  어렵고 고된 시간 가운데 지쳐 쓰러져 가는 영혼을 다시 일으켜 세우는 것이 바로 성경 말씀의 능력입니다. 그리고 그 말씀의 중심에는 '말씀(로고스)'이신 예수 그리스도께서 계십니다. 이번 성경 묵상을 통해 나를 일으켜 세우는 말씀의 능력, 그러니까 '말씀(로고스)'이신 예수 그리스도의 생명을 깊이 누리고 경험하게 되시기를 간절히 바라고 기도합니다.

2020년 11월
이장렬, 이충재

이 책의 구성

본서는 성탄에 초점을 둔 25일 말씀 묵상 여정의 길잡이입니다. 전반부는 요한복음의 프롤로그(1:1-18)에 대한 묵상을 제시합니다. 후반부는 요한복음의 '나는 … 이다'(에고 에이미) 말씀들에 대한 묵상을 담고 있습니다. 매일의 묵상 내용은 다음과 같이 구성되어 있습니다.

오늘의 본문 당일에 묵상할 성경 본문을 제시합니다.

저자 해설 및 묵상 해당 성경 본문에 대한 저자의 해설 및 저자 자신의 묵상을 제시했습니다.

묵상과 적용을 위한 질문 본문에 대한 이해, 묵상, 적용을 돕기 위해 저자가 준비한 질문입니다. 질문에 대한 답을 기록할 공간도 제시되었습니다.

나만의 묵상 메모 독자들이 당일 성경 본문을 묵상하면서 누린 은혜를 직접 기록하는 공간입니다.

저자와 함께하는 한 줄 기도 당일 묵상한 성경 본문에 근거하여 저자가 '한 줄 기도'를 제시했습니다.

기도와 결단 독자들이 자신의 기도와 결단을 적을 수 있는 공간을 별도로 마련했습니다.

주(추가 설명) 이해를 돕기 위한 추가 설명입니다. 이 내용을 읽지 않아도 본 책자를 사용하여 말씀 묵상을 하시는 데는 지장이 없습니다. 하지만 (1) 당일 묵상한 본문에 대해 더 깊이 이해하기를 원하는 분들 (2) 가정이나 교회의 소그룹에서 묵상 나눔 리더로 섬기는 분은 제시된 추가 설명을 꼭 읽으시면 좋겠습니다.

❄ 이 책의 활용 방법 및 순서

독자들 개개인의 상황이나 소속하신 교회나 소그룹의 성격과 필요에 따라 이 책을 활용하는 방식이 달라질 수 있으리라 생각합니다. 그러므로 이하에 제시된 활용 순서를 '규칙'이라기보다는 하나의 좋은 예 정도로 이해해 주시면 좋겠습니다.

1. 가급적 아침 일찍 또는 하루 중 가장 집중할 수 있는 시간에 조용한 장소를 찾아 말씀 묵상을 시작합니다. 말씀 묵상의 첫 단추는 기도입니다. 당신의 마음 눈을 열어 성경을 깨닫게 해 달라고 주님께 기도하시기 바랍니다.
2. 시작 기도를 마친 후, 제시된 '오늘의 본문'을 2회 이상 천천히 기도하는 맘으로 읽습니다.
3. 본문과 본문에 달린 각주를 읽은 후에, '저자 해설 및 묵상'을 정독합니다.
4. '저자 해설 및 묵상'을 정독한 후, '묵상과 적용을 위한 질문'에 대한 자신의 답을 손수 적습니다.
5. 그리고나서 다시 '오늘의 본문'을 1회(혹은 그 이상) 기도하는 마음으로 읽습니다. 그 과정에서 말씀이 더욱 심령 깊이 뿌리를 내리게 될 것입니다.
6. 아직 중요한 단계들이 남았습니다. 먼저, '나만의 묵상 메모'란에 당일 말씀 묵상을 통해 받은 은혜와 감동의 기록을 남깁니다.
7. 그리고 '저자와 함께하는 한 줄 기도'로부터 시작하여, 당일 말씀 묵상

에 근거한 독자 자신의 기도와 결단을 '기도와 결단'란에 손수 기록합니다.
8. 묵상한 말씀을 당일의 삶 가운데 적용하고 실천합니다. 묵상한 말씀을 기억하고 주님과 삶 가운데 동행할 때 비로소 말씀 묵상이 완성됩니다.
9. 가정이나 교회 소그룹에서 이 책자를 사용해서 함께 묵상하시면 더 좋습니다. 가급적 정기적으로 말씀 묵상 나눔 시간을 가지시기를 바랍니다. 적어도 일주일에 1회 묵상 나눔 시간을 가지면 좋겠습니다. 묵상 나눔 시간은 예를 들어 다음과 같이 진행할 수 있습니다.

(1) 시작 기도

(2) 찬송

(3) 한 주간 묵상한 본문(혹은 그 일부) 낭독 혹은 교독

(4) 묵상 나눔: 한 주간 말씀 묵상을 통해 가장 많이 은혜를 받은 부분 및 그 이유 그리고 삶 가운데서 묵상한 말씀을 어떻게 실천하고 있는지에 대해 돌아가면서 나누는 시간

(5) 서로를 위해 기도하는 시간

(6) 마침 기도/찬송

묵상 모임의 성격과 필요에 따라 위의 순서와 내용은 얼마든지 조정 및 변경이 가능합니다.

특별히 팬데믹의 여파 가운데서, 비대면으로 묵상 나눔을 가지시거나 방역 수칙과 사회적 거리두기를 준수하시는 가운데 묵상 나눔을 가지시기를 바랍니다. 이상의 내용은 주로 실시간 대면 및 비대면 모임을 염두에 두고

제시했으나, SNS 등을 통해서 비실시간으로 묵상한 내용을 서로 나누는 방법도 얼마든지 가능합니다.

말씀

오늘의 본문

1:1 태초에[1] 말씀[2]이 계시니라 이 말씀이 하나님과 함께 계셨으니 이 말씀은 곧 하나님[3]이시니라
1:2 그가 태초에 하나님과 함께 계셨고[4]
1:3 만물이 그로 말미암아 지은 바 되었으니 지은 것이 하나도 그가 없이는 된 것이 없느니라
1:4 그 안에 생명[5]이 있었으니 이 생명은 사람들의 빛[6]이라
1:5 빛이 어둠에 비치되[7] 어둠[8]이 깨닫지 못하더라[9]

저자 해설 및 묵상

　헬라 문화권에서 '말씀(로고스)'는 우주에 질서를 부여하는 원리로 이해되곤 했습니다. 그러나 1세기 전반에 활동했던 유대인 학자인 알렉산드리아의 필로(Philo of Alexandria)는 이 단어(로고스)를 유대적 맥락에서 말씀(율법)과 연결했습니다. 그리고 제4복음서의 저자, 사도 요한은 이 의미심장한 단어를 예수 그리스도의 정체성을 설명하는 데 사용합니다. '말씀(로고스)'이신 예수 그리스도는 창조자이십니다. 지음 받은 존재가 아닙니다. 이 '말씀'은 태초(창1:1 참조)에 이미 하나님 아버지와 함께 계셨던 분이십니다. 영원 전부터 하나님 아버지와 늘 친밀한 연합과 교제를 가지셨던 분이십니다. 그렇기에 예수 그리스도

께서 "아브라함이 있기 전부터 내가 있었다"(요8:58)고 선언하실 수 있었습니다.

이 '말씀(로고스)'은 하나님 아버지와 한 신적 본질을 지닌 동시에 또 하나님 아버지와 구분됩니다(요1:1-2). 성부와 성자는 서로 구분되는 동시에, 한 본질을 가지셨고 또 서로 동등하십니다. 요한복음의 시작부에 신약 기독론과 삼위일체 교리의 근간이 담겨 있습니다. 모든 것이 말씀(로고스), 즉 하나님의 아들을 통해서 지음을 받았습니다. 이 말은 인간 역시 그를 통해 통해서 지음을 받았다는 뜻입니다. 요한복음의 시작부인 프롤로그는 이처럼 그리스도의 신성을 생생하고 강력하게 선포합니다. 요한복음 말미 부분에 위치한 20:28 역시 도마의 고백을 통해 그리스도의 신성을 고백합니다 ("도마가 대답하여 이르되 나의 주님이시요 나의 하나님이시니이다"). 그렇게 볼 때 요한복음 전체가 그리스도의 신성에 주목하고 있다고 말해도 과언이 아닙니다. 요한은 그의 복음서 전반에 걸쳐 그리스도의 신적 정체성을 강력하고 선명하게 선포합니다!

요한복음의 중심적 표현인 '생명', 그리고 '빛'이 프롤로그 전반부인 1:4에서 소개됩니다. "그 안에 생명이 있었으니 이 생명은 사람들의 빛이라." 저자인 사도 요한은 여기서 "그 안에 생명이 있었다"고 선언합니다. 하나님의 아들을 통해서 생명이 매개된다는 정도의 이야기나 하나님 아버지가 베푸는 생명을 그가 전달해 준다는 정도의 이야기가 아닙니다. 사도 요한은 생명이 바로 하나님의 아들 안에 존재함을 선포합니다. 그는 생명의 근원이십니다! 그의 생명은 외부로부터 부여되었거나 다른 어디서 파생된 게 아니라, 그 안에서 내재한 실체입니다. 하나님의 아들 그분 자체가 생명이십니다. 그리스도는 부활이요 생명이십니다.[10] 예수님은 길이요, 진리요, 생명이십니다. 우리의 영생이 되고, 우리게 영원한 생명을 주십니다!

요1:4는 "생명"과 "빛"을 동일시합니다("이 생명은 사람들의 빛이라"). 요한은 1:4에서 소개한 "빛"에 관한 이야기를 5절에서 계속 이어갑니다. "빛이 어둠에 비치되 어둠이 깨닫지 못하더라."[11] 단 하나의 이미지나 호칭만으로는 그리스도의 풍요하심과 위대하심을 다 표현할 수 없습니다. 그렇기에 신약성경은 그리스도를 묘사하면서 다양한 용어, 이미지, 호칭을 사용합니다. 단일한 용어나 그림 언어가 그리스도의 풍요로움과 엄위하심을 모두 담아낼 수 없다는 사실은 너무나 당연하고 자연스럽습니다.

오늘 묵상한 본문은 예수 그리스도가 그저 인간이 아님을 분명하게 확인해 줍니다. 그는 단지 이상적 인간(ideal human)에 머무는 분도 아닙니다. 그는 창조주시요, 하나님 아버지와 같은 본질을 지니시며 하나님 아버지와 서로 동등하신 분입니다. 영원부터 영원까지 계신 분입니다. 그분이 친히 인간이 되셨습니다(요1:14)! 그리고 바로 그 놀라운 사실 가운데 성탄의 기쁨과 감격과 신비가 놓여 있습니다.

1 창조 전의 시간대를 가리킨다. "태초에 말씀이 계시니라"는 선언은 '말씀(로고스)'이 영원 전부터 계셨음을 말한다.
2 이어지는 본문 내용에서 분명히 보여지듯이, 저자인 사도 요한이 프롤로그에 언급한 '말씀(로고스)'는 인격적(personal) 존재요 영원전부터 하나님 아버지와 함께 계셨던 신적(divine) 존재다. 여기서 '말씀'이란 용어는 예수 그리스도가 하나님의 자기 계시(self-disclosure)임을 보여주는 동시에, 창세기 1장에 나오는 "하나님이 말씀하셨다"는 표현을 암시해 준다.
3 요1:18, 20:28 참조.
4 요17:5를 참조하라. 요1:2은 1:1의 진술을 요약해 준다.
5 요5:26, 39, 6:53, 14:6, 20:31 참조.
6 요1:5, 9, 8:12, 9:5, 12:46 참조.
7 "빛이 어둠에 비치되"(요1:5)는 창세기의 창조기사를 생각나게 한다. 여기서 "비치되"는 헬라어로 현재시제동사(화이네이)다. 이같은 현재시제의 사용은 같은 절 후반부에 사용된 동사 "깨닫지 못하더라"가 과거시제라는 사실과 대조를 이룬다. 저자 요한은 현재시제동사(화이네이)를 사용해 그리스도께서 어둠에 빛을 비추시는 사역이 자신이 요한복음을 기록하고 있는 그 시점에도 여전히 계속되고 있음을 시사하는 듯하다.
8 요한복음에서 '어둠'은 그저 빛의 부재만이 아니라 선에 대항하는 악의 명시적 존재를 뜻한다. 요3:19을 보라(참조 요8:12, 11:9-10, 12:35, 46). 물론 여기서 요한은 물리적 어둠이 아니라 영적 어둠에 초점을 두고 있다.
9 요1:5의 "깨닫지 못하더라(헬라어: 우 카테라벤)"에 대해선 두 가지 번역이 가능하다. '깨닫지 못하더라'(예: NIV)는 번역이 가능하고, 또한 '이기지 못하더라'(예: ESV)라는 번역 역시 가능하다. 이러한 두 가지 번역의 가능성은 이 동사의 원형인 카타람바노가 '깨닫다'와 '이기다'의 뜻 모두 가질 수 있음에 기인한다. 저자 요한이 여기서 의도적으로 중의법(double entendre)을 사용하고 있다고 볼 수도 있다. 실제로 요한은 3장에서 '위로부터 남/거듭남', '성령/바람', '승귀/십자가 죽음'에 대해 중의법을 사용한다. 그러나 요한복음 전반적 내용(요12:46, 16:33, 18-20장에 기록된 그리스도의 십자가 죽음과 부활[요일2:8, 13-14, 4:4, 5:4 참조])을 고려할 때, 요1:5에서 사용된 헬라어 표현(우 카테라벤)의 의미에 대해 '이기지 못하더라'가 더 적절한 번역으로 보인다. 적어도 이것이 상대적으로 더 중요한 의미라고 말할 수 있겠다.
10 요한복음에서 '생명'과 '영생'(=영원한 생명)은 유의어다.
11 요한복음은 이분법적 구도를 통해 빛과 어둠(1:5), 그리고 생명과 죽음을 대조 시킨다.

묵상과 적용을 위한 질문

1. 그리스도의 신성(divinity)을 제대로 이해하는 것이 왜 중요한가요? 예수 그리스도를 가장 이상적이고 숭고한 인간으로 보는 것만으로는 왜 충분치 않나요?

2. 위 1번이 성탄의 의미 및 의의와 어떤 관계가 있나요?

나만의 묵상 메모

오늘 묵상을 통해 주신 깨달음에 대해 기록해 보세요.

저자와 함께하는 한 줄 기도

그리스도가 누구신지 선명히 깨닫고 제 삶 가운데서 생생히 기억하게 하소서.

기도와 결단

오늘 묵상한 말씀의 적용과 삶의 결단을 담아 자신의 기도를 적어 보세요.

Day 2 의존

오늘의 본문

1:3 만물이 그로 말미암아 지은 바 되었으니 지은 것이 하나도 그가 없이는 된 것이 없느니라[12]

저자 해설 및 묵상

어제는 요1:1-5에 대해 묵상했습니다. 그런데 요1:3과 관련해서 한 가지 더 살펴볼 내용이 있습니다. 오늘은 바로 거기에 주목하고자 합니다. 특별히 1:3에 등장하는 "그가 없이는"이란 표현에 집중하고자 합니다.

"그가 없이는(헬라어: 코리스 아우투)"이란 표현이 요한복음 1:3에 나오는데 여기서 사용된 "없이는(헬라어: 코리스)"이란 전치사는 요15:5에서 다시 사용됩니다.[13] 요1:3과 15:5이 같은 구조의 전치사구(prepositional phrase)를 포함한다는 사실은 한글 성경만으로는 아주 분명하게 파악되지 않지만, 헬라어 본문을 보면 쉽게 발견됩니다.

요1:3 만물이 그로 말미암아 지은바 되었으니 지은 것이 하나도 그가 없이는[헬라어: 코리스 아우투] 된 것이

없느니라

요15:5 나는 포도나무요 너희는 가지니 저가 내 안에, 내가 저 안에 있으면 이 사람은 과실을 많이 맺나니 나를 떠나서는[헬라어: 코리스 에무; 한글 직역: '나 없이는'] 너희가 아무 것도 할 수 없음이라

요1:3의 "그가 없이는" 그리고 15:5의 "나 없이는" 모두 "하나님의 아들 그분 없이는"으로 이해하면 정확합니다. 결국 요1:3과 15:5는 동일한 대상(그리스도)을 가리키는 전치사구를 사용해 같은 내용을 전달하고 있다고 보면 됩니다. 이같이 공통된 전치사구를 사용한다는 사실에 근거해서 요1:3과 15:5를 연결해 이해하면 다음과 같이 정리할 수 있습니다.

우리는 예수 그리스도 없이는 아무것도 할 수 없는 존재다(요15:5). 그 이유는 바로 그가 우리의 창조자이기 때문이고, 우리의 존재 자체가 그분으로부터 말미암기 때문이다(요1:3)!

예수님을 믿고 따르는 것은 창조의 질서를 따르는 일입니다. 예수님은 그저 인상적인 랍비나 선지자 정도가 아닙니다. 그는 성육신하신 '말씀'입니다. 창조주이십니다. 우리를 지으신 분입니다. 그렇기에 그리스도 없이 우리는 아무것도 할 수 없습니다. 우리는 본디 예수님 없이는 아무것도 할 수 없는 존재입니다. 예수님 없이 무언가 생산해 내는 것 같더라도 끝에 가서는 모두 헛되고 무익한 결과뿐입니다. 우리 삶이 영원의 관점에서 의미

있고 생산적이 되려면, 예수 그리스도께 꼭 달라붙어 있어야 하며 그분만을 겸손히 의지해야 합니다. 이러한 사실을 겸허히 그리고 솔직히 인정해야 합니다. 스스로 무언가 해 보고 스스로 무언가 만들어 내려는 노력을 내려놓고 예수 그리스도께 철썩 달라붙어 있는 것이 인간의 디폴트 포지션(default position [기본값])이고 크리스천의 디폴트 포지션입니다. 그렇게 사는 것이 사실 가장 자연스러운 삶이고 창조의 순리를 따르는 삶입니다. 예수 그리스도를 믿으라는 초청(요20:30-31 참조)은 사실 창조의 순리를 따르라는 초청이기도 합니다. 오늘 당신의 삶은 창조의 순리를 따르고 있는지요? 당신은 오늘 그리스도께 모든 것을 의탁하고 그를 진정 의지하고 있는지요?

---

13 요20:7에서 전치사 코리스가 세 번째이자 마지막으로 한번 더 사용된다. 이 경우, 전치사 코리스는 예수 그리스도를 가리키는 맥락에서 사용되지 않기에 본 논의에 있어 중요하지 않다. 한편, 위에서 언급된 코리스의 첫 번째(요1:3) 그리고 두 번째(요15:5) 용례는 모두 예수 그리스도를 가리키는 맥락에 등장하기에 이 두 용례를 연결해 논의하는 것이 설득력을 지닌다. 물론, 프롤로그(요1:1-18)가 요한복음 전체를 이해하는 데 있어 그리고 특별히 그리스도의 정체성을 이해하는 데 있어 지니는 특별한 중요성을 생각할 때, 요1:3과 요15:5를 연결시켜 이해하는 것은 추가적 설득력을 지닌다.

묵상과 적용을 위한 질문

1. 그리스도께서 창조자라는 사실과 당신이 그분을 의지해야 한다는 사실 사이에 어떤 관계가 있나요?

2. 오늘 당신의 삶은 창조의 순리를 따르고 있는지요? 당신은 오늘 그리스도께 당신 삶의 모든 것을 의탁하고 그를 참 의지하고 있는지요?

나만의 묵상 메모

오늘 묵상을 통해 주신 깨달음에 대해 기록해 보세요.

저자와 함께하는 한 줄 기도

제 존재가 주님으로부터 있음을 기억하며 주님께 오늘 제 삶을 온전히 의탁케 하소서.

 기도와 결단

오늘 묵상한 말씀의 적용과 삶의 결단을 담아 자신의 기도를 적어 보세요.

3 Day 복된 자기부인

오늘의 본문

1:6 하나님께로서 보내심을 받은[14] 사람이 났으니 그의 이름은 요한[15]이라

1:7 그가 증언하러 왔으니 곧 빛에 대하여 증거하고 모든 사람으로 자기를 인하여[16] 믿게 하려 함이라

1:15 요한이 그에 대하여 증언하여 외쳐 이르되 내가 전에 말하기를 내 뒤에 오시는 이가 나보다 앞선 것[17]은 나보다 먼저 계심이라[18] 한 것이 이 사람을 가리킴이라 하니라

저자 해설 및 묵상

요1:6에서 침(세)례 요한에 대한 언급이 시작됩니다. 침(세)례 요한의 이름이 언급되기도 앞서 그가 '하나님으로부터 보내심을 받았다'는 사실이 명시됩니다. 침(세)례 요한의 사역은 하나님으로부터 비롯된 사역입니다. 그런데 요한의 사역 기원(origins)에 관한 언급에 앞서 등장하는 한 단어가 있습니다. 그 헬라어 단어는 안쓰로포스라는 명사로 '사람'이라는 뜻을 지닙니다. '말씀(로고스)'이요 하나님의 아들이신 그리스도는 요한복음 첫 절(1:1)에서 떼오스, 즉, 하나님으로 소개되는 반면, 침(세)례 요한은 여기서 사람으로 소개됩니다. 그렇기에 침(세)례 요한이 '하나

님으로부터 보내심을 받았다'고 해서, 그를 하나님이 보내신 그의 아들과 동등하게 생각하거나 심지어 비슷한 선상에 놓고 생각해선 매우 곤란합니다.

성육신하신 '말씀', 예수 그리스도에 관해 이야기하는 프롤로그(요1:1-18)에서 저자인 사도 요한은 1세기 유대교 내에서 존경받고 아마도 가장 파급 효과가 컸던 카리스마적 인물인 침(세)례 요한에 대해 언급합니다. 우리는 침(세)례 요한이 요한복음의 프롤로그(요1:1-18)에 거론되는 유일한 사람이라는 사실에 주목해야 합니다.[19] 이는 1세기 유대교에서 그리고 1세기 기독교에서 침(세)례 요한이 차지하는 비중을 적어도 간접적으로 시사합니다. 침(세)례 요한은 그만큼 무게감 있는 인물이었습니다. 하지만, 프롤로그에서 침(세)례 요한의 중요성은 극도로 상대화됩니다!

사실 우리는 모두 우상 숭배자로서 '탁월한 소질'을 갖고 있습니다. 말로는 신학적으로 신앙적으로 옳은 소리를 곧잘 합니다. 하지만, 속으로는 하나님을 섬기기보다 자기를 섬기려는 성향이 더 강하고, 예수 그리스도를 섬기기보다는 영향력 있는 사람을 추앙하면서 그에게서 자신이 원하는 무언가를 얻어내려는 경향이 있습니다. 많은 경우 하나님 나라보다는 사실 돈(맘몬)에 더 관심이 많습니다. 그리고 그 모든 타협과 이탈의 양상 가운데 자신 스스로 영광을 취하려는 우리의 자기 숭배가 존재합니다. 우리 모두 이처럼 자기 숭배적인 성향이 농후하기에 우리 자신이 철저히 상대화 되는 과정, 다시 말해 우리 삶에서 그리스도가 절대적으로 중요한 분이심을 받아들이는 그 과정이 우리에게 꼭 필요합니다. 사실 모든 인간이 비신화화해야 할 대상은 바로 자기 자신입니다!

침(세)례 요한처럼 우리 역시 증언자일 뿐, 증언의 대상이나 내용이 아닙니다. 우리는 메신저(messenger)이지 메시지(message)가 아닙니다. 침(세)례 요한은 이를 처절하게 그리고 철저하게 이해한 인물이었습니다(요3:29-30). 우리는 이 점을 그에게서 배워야 합니다.

우리는 창조주가 아닙니다. 우리는 태초에 존재하지 않았습니다. 우리는 피조물, 즉 지음 받은 존재입니다. 우리는 태초에 이미 존재했던 '생명'이 아닙니다. 우리는 태초에 이미 존재했던 '빛'이 아닙니다. 자신이 누구인지 인정하고 겸손히 예수 그리스도를 의지하는 자들에겐 하나님의 자녀가 되는 권세를 주어집니다. "영접하는 자 곧 그 이름을 믿는 자들에게는 하나님의 자녀가 되는 권세를 주셨으니"(요1:12).

후에 침(세)례 요한은 "그[예수 그리스도]는 흥하여야 하겠고 나[침(세)례 요한 자신]는 쇠하여야 하리라"는 유명한 말을 남깁니다(요3:30). 그는 그 말을 마지못해 하는 게 아니라 충만한 기쁨으로 외칩니다(요3:29)! 건강한 자기 긍정과 자기 숭배에 대한 구분이 거의 사라져 버린 현시대에 침(세)례 요한은 복된 자기 부정의 예를 보여줍니다. 내가 메시아가 아님을 겸손히 인정하고 그리스도를 신뢰하고 삶을 그분께 의탁하는 것이야말로 참으로 복된 여정의 시작이며, 영생의 시작입니다.

14 요3:28 참조.
15 침(세)례요한(John the Baptist)을 가리킨다.
16 여기서 "자기를 인하여"는 '침(세)례요한을 통해'라는 뜻이다. 침(세)례요한의 증언과 사역을 통해 예수 그리스도를 믿게 된 것을 말한다.
17 여기서 "앞선 것"이란 우월함을 뜻한다.
18 침(세)례 요한의 증언을 담은 15절에서 특별히 그리스도의 선재(preexistence)가 강조된다. 1세기 유대교의 최고 영적 지도자라도 해도 과언이 아닌 침(세)례 요한보다 늦게 이 땅에서 태어났고 또 그보다 늦게 사역을 시작한 그리스도께서 침(세)례 요한보다 우월하신 이유는 바로 그가 성육신에 앞서 선재하신(preexistent) 분이시기 때문이다. 영원부터 하나님 아버지와 함께 계신 분이시기 때문이다. 그리스도가 침(세)례요한보다 우월하실 수밖에 없는 이유는 그가 신적 정체성(divine identity)을 갖고 계신 분이시기 때문이다. 그리스도가 침(세)례 요한보다 우월하실 수밖에 없는 이유는 그가 창조주시기 때문이다. 침(세)례 요한의 겸손의 근거는 그리스도의 정체성을 아는 것에 기초했다. 요한은 자신이 인간적 관점에서는 그리스도보다 먼저 출생했지만(눅1-2 참조), 그가 선재하신 분이심을 알았다. 주님의 누구신지 아는 데서 참 겸손이 시작된다. 억지로, 인위적으로 겸손을 흉내 내려고 해도 마음까지 겸손해지지는 않는다. 예수 그리스도가 누구신지 아는 데서 참 겸손이 비롯된다.
19 물론, 그리스도는 온전한 하나님이신 동시에 온전한 사람이시다. 여기서 필자는 그리스도께서 하나님이시라는 사실(1:1, 18)과 침(세)례 요한이 하나님이 아님을 비교 및 대조하고 있다.

묵상과 적용을 위한 질문

1. 저자는 어떤 뜻에서 "사실 우리는 모두 우상숭배자로서 '소질'을 갖고 있다"고 말했나요?

2. 어떤 때(혹은 삶의 어떤 측면에서) 당신은 스스로 자신을 숭배하려는 모습을 보나요? 우리가 자기 숭배의 유혹을 이기고 극복할 수 있는 '비결'은 무엇일까요?

나만의 묵상 메모

오늘 묵상을 통해 주신 깨달음에 대해 기록해 보세요.

저자와 함께하는 한 줄 기도

침(세)례 요한이 그러했듯, 그리스도가 누구신지, 또 제가 누구인지 선명히 구분하여 알게 하소서.

 기도와 결단

오늘 묵상한 말씀의 적용과 삶의 결단을 담아 자신의 기도를 적어 보세요.

Day 4 증언

오늘의 본문 1:8 그는 이 빛이 아니요 이 빛에 대하여 증언하러 온 자라

저자 해설 및 묵상

프롤로그(요1:1-18) 중간에서 침(세)례 요한에 대한 이야기가 시작되지만, 이야기의 초점은 여전히 예수 그리스도께 있습니다. 요1:7은 침(세)례 요한이 보내심을 받은 목적에 대해 분명하게 밝힙니다. "그가 증언하러 왔으니 곧 빛에 대하여 증언하고 모든 사람이 자기로 말미암아 믿게 하려 함이라." 침(세)례 요한이 보내심을 받은 목적은 바로 예수 그리스도에 대해 증언하기 위함입니다.

요1:7에서 '증언'의 개념이 반복됩니다. "그가 증언하러 왔으니 곧 빛에 대하여 증언하고 모든 사람이 자기로 말미암아 믿게 하려 함이라." 아울러 이어지는 8절에서도 증언의 개념이 다시금 강조됩니다. "그는 이 빛이 아니요 이 빛에 대하여 증언하러 온 자라." 침(세)례 요한은 한마디로 증언자였습니다. 그는 '빛'에 대해 증언하러 왔습니다. 그리고 그의 증언은 그 목적과 방향이 분명했습니다. 그의 증언의 목적은 사람들이 예수 그리스도를 믿도록 하기 위함이었습니다.

요한복음의 기록 목적을 구체적으로 진술하고 있는 20장 마지막 부분에 이와 일맥상통하는 표현이 나옵니다.

예수께서 제자들 앞에서 이 책에 기록되지 아니한 다른 표적도 많이 행하셨으나 오직 이것을 기록함은 너희로 예수께서 하나님의 아들 그리스도이심을 믿게 하려 함이요 또 너희로 믿고 그 이름을 힘입어 생명을 얻게 하려 함이니라(요20:30-31[21:24 참조]).

저자인 사도 요한이 4복음서를 기록한 목적은 독자들이 예수님이 하나님의 아들 그리스도이심을 (지속해서) 믿고 신뢰하게 하려 함입니다. 그리고 예수님을 힘입어 영원한 생명을 누리려 하게 함이었습니다. 그렇게 볼 때, 주후 30년경 침(세)례 요한의 증언(요1:7)은 1세기 후반 사도 요한의 증언의[20] 모본이 된다고 할 수 있습니다. 저자인 사도 요한은 침(세)례 요한을 예수 그리스도에 대한 모범적인 증언자로 제시하며 그 증언의 본을 충실히 따르고 있습니다.

우리의 증언 역시 침(세)례 요한의 증언처럼 그리고 요한복음 저자인 사도 요한의 증언처럼 예수 그리스도를 그 중심과 주제로 삼아야 합니다. 두 사람이 선포한 메시지의 핵심은 바로 그리스도였습니다.[21] '빛'이요 '생명'이신 예수 그리스도가 주제가 되지 못하는 증언은 일시적으로 매력있게 보이고 가치가 있는 것처럼 보일지 몰라도, 영원의 관점에서는 공허하고 부질없는 말에 그칩니다. 허무함을 극복하는 말이 아니라 허무함을 도리어 가중하는 말이 되고 맙니다.

침(세)례 요한의 증언을 보면서 우리의 소명에 대해서도 함께 생각하게 됩니다. 요1:8은 침(세)례 요한에 대해 "빛이 아니요 이 빛에 대하여 증언하러 온 자"라고 묘사합니다. 빛 되신 그리스도에 대해 증언하는 것이 침(세)례 요한의 삶의 소명이요 방향이고 이유요 목적이었습니다. 우리에게 뚜렷한 소명의식이 있는지요? 그 소명의식은 무엇을 지향하는지요? 그 지향점이 바로 예수 그리스도 그분인지요?

20 요21:24은 '증언'이란 표현을 요한복음 전체에 적용한다. "이 일들을 증언하고 이 일들을 기록한 제자가 이 사람이라 우리는 그의 증언이 참된 줄 아노라." 요21:24에 따르면, 바로 요한복음 전체가 예수 그리스도에 대한 증언이다.
21 요한복음 17장에서 잘 나타난 대로, 그리스도인 공동체의 하나 됨(연합)과 선교는 서로 떼려야 뗄 수 없는 밀접한 관계가 있다. 성도의 연합은 그 자체로 선교적 의의가 있다! 복음은 물론 입술로 선포되어야 한다. 동시에 복음은 하나 된 공동체, 주님의 희생적 사랑을 본받는 제자공동체를 통해 보여야 한다. 특별히 요17:23을 보라. "곧 내가 그들 안에 있고 아버지께서 내 안에 계시어 그들로 온전함을 이루어 하나가 되게 하려 함은 아버지께서 나를 보내신 것과 또 나를 사랑하심 같이 그들도 사랑하신 것을 세상으로 알게 하려 함이로소이다." 제자 공동체가 하나 됨을 이룰 때, 그러니까 삼위일체 하나님 안에서 참된 연합을 이룰 때, 이는 중요한 선교적 의미와 동력을 지닌다("세상으로 알게 하려 함"[23절]). 우리는 교회가 하나 되지 못하고 제자 공동체가 구성원들 간의 다툼으로 인해 분열되며 그로 인해 세상이 예수님에 대해서 편견을 갖게 되는 일을 종종 경험했다. 지금은 요한복음 17장에서 예수님이 말씀해 주신 하나 됨을 진정 추구할 때다.

묵상과 적용을 위한 질문

1. 당신은 무엇에 대해 '증언'하며 살고 있습니까? 당신의 '증언'의 대주제(leitmotif)는 무엇입니까?

2. 당신은 뚜렷한 소명의식을 갖고 오늘을 살고 있습니까? 당신의 소명의식은 무엇을 혹은 어디를 지향하나요? 당신의 소명의식이 지향하는 방향과 목적은 무엇인가요?

나만의 묵상메모

오늘 묵상을 통해 주신 깨달음에 대해 기록해 보세요.

저자와 함께하는 한 줄 기도

예수님이 제 증언의 주제가 되게 하시고 또 인생의 지속적 지향점이 되게 하소서.

 ### 기도와 결단

오늘 묵상한 말씀의 적용과 삶의 결단을 담아 자신의 기도를 적어 보세요.

자녀 됨

오늘의 본문

1:9 참[22] 빛 곧 세상에 와서[23] 각 사람에게 비추는 빛이 있었나니

1:10 그가 세상[24]에 계셨으며[25] 세상은 그로 말미암아 지은 바 되었으되 세상이 그를 알지 못하였고[26]

1:11 자기 땅에 오매[27] 자기 백성[28]이 영접하지 아니하였으나

1:12 영접하는 자 곧 그 이름을 믿는[29] 자들[30]에게는 하나님의 자녀가 되는 권세를 주셨으니

1:13 이는 혈통으로나 육정으로나 사람의 뜻으로 나지 아니하고 오직 하나님께로부터 난 자들이니라[31]

저자 해설 및 묵상

'하나님의 자녀 됨'(혹은 하나님의 자녀로의 신분 변화)의 가장 중요한 측면은 바로 그의 영원한 생명을 받게 된다는 사실입니다. 영원하신 하나님의 생명을 부여받기에 유한한 인간에게 영생이 가능한 것입니다(요3:16). 아울러 '하나님의 자녀 됨'이란 하나님으로부터 태어남을 뜻합니다(요1:13). '하나님으로부터 난 자'이기에 하나님의 자녀입니다. 그런 뜻에서 12절과 13절은 본문 내의 위치로나(서로 연접해 있음) 그 의미에 있어서나 밀접하게 연결되어 있습니다.

> 영접하는 자 곧 그 이름을 믿는 자들에게는 하나님의 자녀가 되는 권세를 주셨으니[32] 이는 혈통으로나 육정으로나 사람의 뜻으로 나지 아니하고 오직 하나님께로서 난 자들이니라[33] (요1:12-13)

저자인 사도 요한은 혈통, 육정, 사람의 뜻에 의한 출생과 하나님으로부터 태어남을 선명하게 대조시킵니다. 이를 통해 저자 자신이 강조하는 바가 자연적 출생(natural birth)이 아님을 분명히 합니다. 요한복음 3장이 분명히 알려주는 바와 같이, '다시 남'이란 또 한 번의 자연적 출생이 아니라, 하늘 생명으로 태어남을 뜻합니다. 즉, 성령으로 태어남을 의미합니다(요3:1-21 참조).

예수 그리스도를 믿고 따르는 자들은 하나님의 자녀가 될 권세를 얻습니다! 하나님이 자신보다 열등한 존재(예를 들어, 다윗 또는 천사장 미가엘)를 믿으면 자기 자녀가 될 수 있다고 하셨을 리 만무합니다. 1세기 유대교에서 다윗이나 미가엘에 대한 관심이 드높았던 것은 사실이지만, 그들을 믿으면 하나님의 자녀가 된다고 어느 누가 주장했다면 신성 모독죄로 고소되었을 것입니다. 예수 그리스도를 믿는 자는 하나님의 자녀가 된다는 사실 자체는 그가 하나님 아버지와 동등하신 분임을 암시합니다. 물론 그리스도의 신성에 대한 이해는 요한복음 첫 절부터 명시되어 있는 진리입니다("이 말씀은 곧 하나님이시니라"[1:1])!

오늘 본문 요1:12 13은 하나님의 자녀 됨이 출신이나 혈연(즉, "혈통", "육정", "사람의 뜻")과는 아무 상관이 없음을 선명히 드러냅니다. 하나님의 자녀가 되는 것과 관련하여, 혈통이 유대인인지 또는 이방인인지 여부, 종교-사회적 배경이 얼마나 화려하고 충분한지 여부, 어느 지역 혹은 어느 가문 출신인지 여부 등은 그 중요성을 완전히 상실합니다. 진정 예수 그리스도를 신뢰하고 그분께 삶을 의탁했는지 그리고 그 가운데서 하나님이 주시는 생명으로 새로이 태어남을 경험했는지가 본질적으로 중요합니다. 예수 그리스도를 영접한 자들, 즉 그를 신뢰하는 자들(12절)은 사람의 뜻을 따라 난 자가 아니라, 하나님으로부터 난 자입니다.[34] 그게 바로 '거듭났다'는 의미입니다(요3:1-21 참조). 거듭남이란 생물학적 출생과 질적으로 차원이 다른, 영적인 출생을 경험했다는 뜻입니다. 저자 사도 요한이 말하는 거듭남이란 하나님으로부터 난 것이요, 영원한 생명을 얻는 것입니다.[35]

우리가 하나님의 자녀(요1:12), 즉 하나님으로부터 난 자라면(13절), 혈연, 지연, 학연으로부터 난 자처럼 사는 것을 진지하게 재고해야만 합니다. 성도들이 여전히 혈연, 지연, 학연에 매여 있고 이를 주님보다 더 의지하며 사는 모습을 종종 발견합니다. 기도할 때는 눈물을 흘리며 '오직 주님뿐'이라고 외치지만, 자녀들이 예수님의 충성된 제자로 살기를 원하는 맘보다 그들이 혈연, 지연, 학연의 네트워크를 통해 '최정상'의 자리로 나아가기를 사모하는 마음이 간절한 경우 훨씬 더 뜨겁습니다. 그러나 기억합시다. 성도는 하나님으로부터 난 자입니다. 그것이 성도된 우리의 정체성입니다! 하나님의 자녀 됨, 그것이 바로 성도 됨의 본질입니다!

22 여기서 '참'(헬라어: 알레띠노스[1:9])은 거짓의 반대말로서의 참 됨이라기보다, (불완전하고 임시적이 아닌) 궁극적이고 완전한 참 됨을 가리킨다.
23 하나님의 아들이 세상에 오심에 관해서는 요1:11, 3:19, 12:46을 함께 참조하라.
24 요1:10에서 "그가 세상에 계셨으며 세상은 그로 말미암아 지은 바 되었으되 세상이 그를 알지 못하였고"에서 '세상(헬라어로 코스모스)'이란 단어가 3번 언급되는데, 각기 조금씩 다른 뉘앙스를 갖고 있다. 첫 번째 '세상'은 인간이 사는 영역을, 두 번째 '세상'은 피조계 전체를, 그리고 세 번째 '세상'은 인간들을 가리킨다. 그러니까 요1:10은 '그가 인간이 사는 영역인 이 땅(코스모스)에 계셨으며, 온 우주(코스모스)는 그로 말미암아 지은 바 되었으되, 인간들(코스모스)은 그를 알지 못하였고'라는 의미다. 헬라어 단어 코스모스는 이 세 가지 모두를 뜻할 수 있는 용어다.
25 여기서 "그가 세상에 계셨으며"(요1:10)은 단지 성육하신 후에 이 땅에서의 삶만을 가리키는 표현은 아니다. 바로 다음에 이어지는 표현("세상은 그로 말미암아 지은 바 되었으되")이 '말씀(로고스)'의 창조자 되심(요1:3 참조)을 언급하고 있는 점을 볼 때, "그가 세상에 계셨으며"라는 선언의 초점은 오히려 '말씀(로고스)'이신 하나님의 아들이 성육하시기 이전에 있는 것으로 봐야 한다.
26 여기서 '알지 못하였고'가 가리키는 '앎'은 단순히 지적인 실체가 아니다. 여기에서 '앎'은 지적, 감정적, 의지적으로 그리스도를 영접하고 그에게 인생을 헌신함을 의미한다.
27 '자기 땅에 오셨다'는 것은 성육신(incarnation)을 가리킨다.
28 여기서 "자기 백성"(요1:11)이 영접하지 않았다는 것은 공생애 당시 유대인의 대다수 또는 국가 공동체로서의 이스라엘이 성육하신 하나님의 아들을 메시아로 인정치 않고 그를 거부하고 배척했음을 뜻한다.
29 불신 vs. 신뢰의 모티브가 요1:11-12을 시작으로 요한복음 전체에 걸쳐 나타난다. 요1:19-4:54은 '믿음(신뢰)'이 요한복음의 핵심 이슈임을 잘 보여준다. 이어지는 요한복음 5-12장은 이스라엘 가운데 불신의 증폭을 그린다. 요한복음 13-17장은 소규모의 공동체, 즉 제자들 가운데 신뢰의 증폭을 그린다. 물론 여기서 말하는 '믿음'이란 단순한 지적 동의가 아니다. 요3:36을 보라. 믿음과 순종은 동전의 양면과 같이 매우 긴밀하게 연결되어 있다. 구원파적 믿음은 요한복음(그리고 신약성경)이 말하는 믿음과 아무 상관이 없다.
30 여기서 '그의 이름을 믿는 자들'이란 예수 그리스도를 인격적으로(personally) 신뢰하는 자들을 가리킨다.
31 '하나님께로부터 난 자'라는 표현에 관해서는 요일 3:9, 5:1, 4, 18을 함께 참고하라.
32 사도 요한은 예수 그리스도를 믿는 자들에게 하나님의 자녀기 되는 권세를 주셨다고 말한다(요1:12). 그러나 그리스도는 하나님의 자녀 중 한 분이 아니라, 하나님의 유일한 아들이시다. 하나님의 아들 예수 그리스도를 믿는 자들에게 하나님의 자녀로 입양되는 권세를 주셨다. 그러나 '말씀'(태초에 이미 계셨던 로고스)이신 하나님의 유일하신 아드님에게는 그런 권세(권리, 자격)의 부여가 일절 필요하지 않다. 그분께서는 본래부터, 태초부터 하나님 아들이시다. 여기서 하나님의 독생자 예수 그리스도와 그를 믿어 하나님의 자녀가 된 자들 사이의 구분이 명확히 드러난다.
33 요1:13의 헬라어 원문을 살펴보면, 저자 요한은 동사(verb)를 맨 끝으로 연기(postpone)함으로써 초자연적 출생의 성격(즉, 하나님으로부터 남)을 강조한다. "혈통으로나 육정으로나 사람의 뜻"의

3중 언급은 이어 나오는 "하나님께로부터"를 강조해 주는 역할을 한다. 헬라어를 읽으시는 분들을 위해서 헬라어를 아래에 제시한다.

οἳ οὐκ ἐξ αἱμάτων (혈통으로가 아니라)

οὐδὲ ἐκ θελήματος σαρκὸς (육정으로도 아니라)

οὐδὲ ἐκ θελήματος ἀνδρὸς (사람의 뜻으로도 아니라)

ἀλλ᾽ ἐκ θεοῦ (하나님께로부터)

ἐγεννήθησαν (태어났다[동사]).

저자 요한은 이같은 방식으로 다시 태어남(즉, 하늘로부터 태어남)이 인간의 자연적 출생과 명확하게 구분됨을 생생히 보여준다.

34 영생은 단지 미래의 사건이 아니다. 이는 이미 시작된 실체다(요3:16-21). 성도는 하나님으로부터 태어난 자 됨, 즉 하나님의 자녀라는 정체성을 굳게 붙잡아야 한다. 그러한 확신 가운데, 그에게 주어진 놀랍고 영광스러운 새 신분과 정체성에 합당하게 살아야 한다(엡4:1 이하 참조).

35 이는 '부활 생명이 우리 가운데 역사한다'는 바울의 강조점과도 근본적으로 일맥상통한다(롬6:1-14 참조).

묵상과 적용을 위한 질문

1. '하나님의 자녀'라는 정체성을 굳게 붙잡고 사는 것이 성도에게 왜 중요할까요?

2. 당신은 오늘 하나님의 자녀 된 정체성을 확고하게 붙잡고 살고 있나요?

나만의 묵상 메모

오늘 묵상을 통해 주신 깨달음에 대해 기록해 보세요.

저자와 함께 하는 한 줄 기도

예수님의 제자인 제가 하나님의 자녀라는 사실을 생생히 기억하며 살게 하소서.

 ## 기도와 결단

오늘 묵상한 말씀의 적용과 삶의 결단을 담아 자신의 기도를 적어 보세요.

성육신

오늘의 본문

1:14 말씀이 육신이 되어[36] 우리[37] 가운데 거하시매 우리가 그의 영광[38]을 보니[39] 아버지의 독생자[40]의 영광이요 은혜와 진리가 충만하더라

1:15 요한이 그에 대하여 증언하여 외쳐 이르되 내가 전에 말하기를 내 뒤에 오시는 이가 나보다 앞선 것[41]은 나보다 먼저 계심이라 한 것이 이 사람을 가리킴이라 하니라

저자 해설 및 묵상

요1:14는 성육신(incarnation), 즉 말씀(로고스[1:1 참조])이 육신이 되신 놀라운 사건에 대해 생생하게 전합니다. 본문 14절은 성육신에 대해 말하면서 이를 특별히 구약의 성막과 연결합니다. 여기서 "거하다"는 문자적으로 '성막을 펴다'라는 뜻입니다. "말씀이 육신이 되어 우리 가운데 거하시매[문자적으로, '성막을 펼치시매'] 우리가 그의 영광을 보니 아버지 독생자의 영광이요 은혜와 진리가 충만하더라"(요1:14).

성육신의 사건은 구약의 성막·성전과 연결됩니다. 성막·성전 안에 하나님의 임재가 있었고, 이를 통해 이스라엘은 하나님께서 그들 가운데 계심을 알았습니다(출25:8-9, 40:34-35). 때가 차매, '말씀(로고스)'이신 하나님의 유일한 아드님께서 인간이 되심으로 하나님의 백성들 가운데 몸소 거하셨습니다! 아울러 성막·성전은 제사의 장소였습니다. 이 제사를 통해 이스라엘은 죄 사함을 받을 수 있었습니다. 때가 차매, 하나님의 아들이 사람이 되셨고, "세상 죄를 지고 가는 하나님의 어린 양"이신 예수 그리스도(요1:29)를 통해 궁극적인 죄 사함이 가능케 되었습니다(히4-10; 요2:19-21참조)!

아버지 독생자의 영광은 그가 이 땅에 거하심을 통해 계시되었습니다(예: 2:11[11:40 참조]).[42] 성막·성전이 하나님의 임재의 영광을 드러냈듯, 그리스도께서 이 땅에 거하심으로 자신의 신적 영광(divine glory)을 드러내셨습니다. 아울러, 아버지 독생자의 영광은 그가 세상 죄를 대신 지고 십자가에 달리신 일을 통해 계시되었습니다. 성막·성전에서는 동물의 희생 제사를 통해 죄 사함이 주어졌는데, 그리스도께서는 자신의 대속적 죽음을 통해 궁극적인 죄 사함을 가능하게 하셨습니다. 여기서 한 가지 주목할 사실은 저자인 사도 요한이 그리스도께서 십자가에 달리신 일을 '높이 들리우심(to be lifted up)'이라는 승귀(exaltation)의 이미지를 사용하여 묘사한다는 사실입니다. 또한 저자 요한은 그리스도의 십자가 죽음을 '영광을 받으신 일' 또는 '영화롭게 되신 일'로 거듭 묘사합니다(요7:39, 12:16, 23, 28, 13:31-32, 14:13, 17:1). 이를 통해 저자 요한은 예수님이 로마의 처형틀에 죽으신 사건이 하나님의 관점에서는 도리어 승귀를 뜻함을 가르쳐 줍니다(요3:14, 8:28, 12:32, 34)! 인간의 고정관념에서는 상상하기 어려운 일이지만, 요한복음에 따르면, 세상 죄를 지고 가신 그리스도의 십자가 죽음은 신비롭게도 그의 신적 영광(divine glory)을 계시하는 사건입니다![43]

성육신의 메시지는 1세기 당시 헬라인과 유대인 모두를 걸려 넘어지게 하는 요소(stumbling block)였을 것입니다. 플라톤 철학의 입장에서 기독교의 성육신 교리를 들으며 왜 '이데아'의 세계가 열등한 '물질세계'로 굳이 내려오는지 이해하기가 어려웠을 것입니다. 한편, 당시 유대인들은 신과 인간의 차이를 특히 강조했기에 성육신을 받아들이기가 어려웠을 것입니다. 그러나 사도 요한과 신약 저자들이 선포하는 성육신의 메시지(예: 요1:1-18; 빌2:6 이하)는 복음의 신비 그 중심에 있습니다.[44]

사도 요한은 자신이 직접 목격자(eyewitness)로서 하나님 유일하신 아드님의 신적 영광을 직접 목도했음을 증언합니다. 은혜와 진리의 충만함과 완전함이 무엇인지를 그는 예수 그리스도를 통해 두 눈으로 직접 보았습니다(요1:14). 성탄을 준비하는 이 시기에 우리가 예수 그리스도께 주목하며 그의 영광을 목도할 수 있기를 간절히 바랍니다. 그 가운데 은혜와 진리의 충만함이 무엇인지를 깊이 깨닫게 되길 간구합니다. 우리 마음 눈이 열려 그리스도의 신적 영광(divine glory)을 더욱 생생하고 선명하게 볼 수 있기를 간구합니다. 사도 요한은 "말씀이 육신이 되어 우리 가운데 거하시매 우리가 그 영광을 보니 아버지의 독생자의 영광이요 은혜와 진리가 충만하더라(요1:14)!"라고 고백했습니다. 그의 고백이 바로 오늘 우리의 고백이 되길 간구합니다.

36 '말씀(로고스)이 육신이 되셨다'고 할 때는 그의 신성이 인성으로 대체되었다는 의미가 아니다. 영원하신 신적 말씀(로고스)가 그의 신성을 포기하거나 타협함 없이 인성을 취하셨다(assumed)는 뜻이다. 예수 그리스도는 참 하나님이신 동시에 참 인간이시다!

37 여기서 사용된 일인칭 복수 "우리(we)"는 그리스도의 공생애 사역을 목도하고 그에 대한 믿음을 가진 목격 증언자들(eyewitnesses), 특히 사도들을 지칭하는 표현이거나 당시 '편집자적 용법'에 따라 저자인 사도 요한을 가리키는 방식(editorial "We")으로 보인다. 후자의 경우, 문법적으로는 일인칭 복수가 사용되지만, 지칭하는 대상은 실제로 일인칭 단수(저자 자신)이다(요21:24 참조). 이 둘 중 어느 쪽을 취하든, 우리는 요1:14에서(그리고 요한복음 전체에 걸쳐) 목격 증언자의 진술을 대하고 있다!

38 그리스도의 삶과 그가 행하신 일들(특별히 그의 십자가 죽음과 부활)을 통해 드러난 신적 영광(divine glory)을 의미한다. 저자인 사도 요한은 특별히 그리스도의 십자가 죽음을 그의 영광과 연결한다(요12:23 이하, 13:31-32, 17:1-5).

39 요12:41를 참조하라. "이사야가 이렇게 말한 것은 주의 영광을 보고 주를 가리켜 말한 것이라"(요12:41). 아울러 요일 1:1-2를 함께 참조하라. "태초부터 있는 생명의 말씀에 관하여는 우리가 들은 바요 눈으로 본 바요 자세히 보고 우리의 손으로 만진 바라 이 생명이 나타내신 바 된지라 이 영원한 생명을 우리가 보았고 증언하여 너희에게 전하노니 이는 아버지와 함께 계시다가 우리에게 나타내신 바 된 이시니라"(요일 1:1-2).

40 여기서 '독생자'(μονογενής 모노게네스)는 형제나 자매가 없는 가족 내의 유일한(only) 아들을 뜻한다. 본성에 있어 하나님의 아들이신 분은 오직 그리스도 한 분이다. 그를 믿는 자들이 하나님의 자녀가 되지만, 이는 그리스도를 통해 하나님께 입양(adoption)되는 것이지 그들이 본성에 따른 하나님의 아들이란 뜻은 아니다. 하나님의 아들·자녀란 표현이 신약, 구약 및 초기 유대교 문헌에서 다양한 대상에게 사용되긴 하지만, 그리스도께서 본성적으로 하나님의 아들이란 뜻에서 그 호칭이 적용될 수 있는 다른 대상은 그 누구도 없다. 요1:18, 3:16을 함께 참조하라.

41 여기서 "앞선 것"은 우월함을 의미한다.

42 이런 뜻에서 요9:24("이에 그들이 맹인이었던 사람을 두 번째 불러 이르되 너는 하나님께 영광을 돌리라 우리는 이 사람이 죄인인 줄 아노라")은 아이러니(irony)를 담고 있다. 독생하신 하나님이 그들 가운데 계시지만(요1:1-18), 유대 종교 지도자였던 바리새인들은 그를 전혀 인식하지 못할 뿐 아니라 그를 죄인으로 취급하며 "너는 하나님께 영광을 돌리라"라고 말한다. 그들은 스스로 "아노라"로 선언하지만 사실 전혀 알지 못하는 채로 남아 있다.

43 물론 그리스도의 영광은 그의 성육신 이후에 그가 취득하게 된 것이 아니다. 영원 전부터 그에게 이미 속한 것이다(요12:41, 17:5, 24).

44 바울은 성육신을 하나님 아들의 자기 비움으로 이야기한다(빌2:6 이하). 하나님과 동등 됨을 취할 것으로 여기지 않으시고 종의 형체를 입으신 그 자체가 '비우심'이다. 여기서 '비우심'이라고 했을 때, 하나님 아들의 신성(divinity)이 어디로 사라져 버렸다는 뜻이 아니다. 주님의 공생애 당시 많은 사람들은 그의 인성만을 바라 보고, 그의 신성을 미처 알아차리지 못했지만, 예수 그리스도는 온전한 하나님이시며 동시에 온전한 인간이시다.

묵상과 적용을 위한 질문

1. 예수 그리스도는 구약의 성막·성전의 기능을 어떤 뜻에서 성취하시고 완성하셨나요?

2. 당신은 은혜와 진리의 충만함을 예수 그리스도에게서 발견하고 있나요? 어떤 부분에서 구체적으로 그러한가요? 아니라면 또는 이것이 그저 추상적으로만 느껴진다면, 왜 그렇다고 생각하는지요?

나만의 묵상 메모

오늘 묵상을 통해 주신 깨달음에 대해 기록해 보세요.

저자와 함께하는 한 줄 기도

제 마음의 눈을 열어 은혜와 진리로 충만한 그리스도의 영광을 선명히 그리고 생생히 보게 하소서.

 기도와 결단

오늘 묵상한 말씀의 적용과 삶의 결단을 담아 자신의 기도를 적어 보세요.

더 깊은 묵상과 기도(Ⅰ)

더 깊은 묵상을 위한 가이드

 한 주간(지난 6일간) 묵상했던 본문을 독자께서 직접 더 깊이 묵상하고 더 깊은 기도의 자리로 나아가는 시간입니다. 먼저 해당 본문을 천천히 기도하는 마음으로 읽으시고 그 가운데 주님의 인도하심을 따라 더 깊이 있는 말씀 묵상과 기도의 자리로 나아가시기 바랍니다. 다음의 질문들이 묵상과 기도에 도움이 되실 것입니다.

- 지난 한 주간 묵상했던 내용 중 특별히 더 주목하게 되는 부분은 무엇입니까? 지난 한 주간 깨닫지 못 했는데 새롭게 깨닫게 된 부분은 무엇입니까?

- 지난 한 주간 깨달은 내용 중 그간 실천한 것은 무엇입니까? 그렇게 실천하는 과정에서 무엇을 새롭게 경험했습니까?

- 실천하는 과정에서 어려웠던 것은 무엇입니까? 지난 한 주간 깨달은 내용 중 제대로 실천하지 못 했거나 잊어버렸던 것은 무엇입니까?

- 지난 한 주간 깨달은 것과 실천할 수 있었던 것에 대해 주님께 감사의 기도와 찬양을 드리시기 바랍니다. 아직 실천하지 않고 있거나 실천함에 있어 어려움이 있는 것들에 대해서는 힘과 지혜와 용기를 주셔서 실천할 수 있게 해 달라고 주님께 간구하세요.

- 그 외의 묵상 내용과 기도를 자유롭게 적어보세요.

더 깊은 묵상

더 깊은 기도

위의 내용을 활용하셔서 묵상 나눔을 가지시기를 추천합니다 묵상 나눔은 줌(Zoom)이나 카카오톡 단톡방을 통해 비대면으로 진행하실 수도 있고, 또 방역 수칙을 철저히 준수하면서 대면으로 진행할 수 있습니다.

은혜

오늘의 본문

1:16 우리가 다 그의 충만한 데서 받으니 은혜 위에 은혜러라

1:17 율법은 모세로 말미암아 주어진 것이요 은혜와 진리는 예수 그리스도[45]로 말미암아 온 것이라[46]

저자 해설 및 묵상

요1:16-17은 앞서 묵상했던 1:14과 내용 상으로 직접 연결되어 있습니다. 아래에 볼드체로 처리한 부분을 집중해서 읽으시면, 이를 쉽게 알 수 있습니다.

1:14 말씀이 육신이 되어 우리 가운데 거하시매 우리가 **그의** 영광을 보니 **아버지의 독생자의** 영광이요 **은혜와 진리가 충만하더라**

1:16 우리가 다 그의 충만한 데서 받으니 **은혜 위에 은혜러라**

1:17 율법은 모세로 말미암아 주어진 것이요 **은혜와 진리는 예수 그리스도로 말미암아** 온 것이라

요1:14와 요1:16-17에서 은혜, 진리, 충만함이 언급되는데, 이

는 예수 그리스도와 그의 영광을 통해 드러난 은혜와 진리의 충만함을 뜻합니다.

사도 요한은 16절에서 "은혜 위에 은혜"를 언급하면서 "진리"에 대해서는 언급하지 않습니다. 그에 반해, 앞선 14절과 이어지는 17절에서는 "은혜와 진리"를 함께 명시합니다. 이러한 현상은 요한이 "은혜와 진리"를 두 개의 개별적 실체가 아니라 하나님의 통합된 실체로 이해했음을 암시해 줍니다. 하나님 아버지의 유일하신 아들의 신적 영광(divine glory)은 충만하고 완전한 은혜와 진리로 표현됩니다.[47] 하나님 독생자의 신적 영광은 은혜의 완성, 진리의 완성, 나아가 그 둘의 통합된 완성입니다! 예수 그리스도를 통해 은혜와 진리가 궁극적으로 계시됩니다.

사도 요한은 "우리가 다 그의 충만한 데서" 받았다는 사실을 진술한 후, 그것이 "은혜 위에 은혜"임을 밝힙니다. 이 인상적인 표현은 새 언약(New Covenant)에서 누리는 지속적인 은혜의 공급을 강조해 줍니다. 파도가 육지로 밀려올 때 단 한 번에 그치지 않고 그 물결이 계속 이어지듯이 새 언약에서 누리는 주님의 은혜의 물결은 다함이 없습니다! 모세를 통해서 율법에서 전달해 주신 은혜와 진리(출34:6 참조)를 계승, 성취, 완성, 초월하는 궁극적인 은혜와 진리가 예수 그리스도를 통해 실현되었습니다. "율법은 모세로 말미암아 주어진 것이요 은혜와 진리는 예수 그리스도로 말미암아 온 것이라"(요1:17). 율법 안에도 은혜와 진리가 있었습니다(출34:6). 하지만 은혜와 진리의 완전하고 최종적인 계시는 예수 그리스도를 통해 실현됩니다.[48] 율법의 수여와 관련해서, 모세는 은혜와 진리의 전달자 역할을 수행

했지만, 그리스도는 단지 은혜와 진리의 전달자가 아니라 이를 친히 실현하신 분입니다.[49] 모세는 율법의 전달자 역할을 했지만, 예수 그리스도는 은혜와 진리의 근원이십니다(요1:14, 16)![50] 벌레가 사람을 완전히 드러낼 수 없고 오직 사람만이 사람을 완전히 드러낼 수 있듯이, 오직 하나님만이 하나님을 온전히 계시할 수 있습니다. 그래서 '말씀(로고스)'이신 하나님의 아들이 친히 사람이 되셨습니다!

하나님께서 모세의 요청에 따라 자신을 계시하셨지만, 하나님을 본 사람은 살 수 없기에 모세에게 얼굴을 보이진 않겠다고 하셨습니다(출33:20).[51] 모세에게 하나님의 등을 볼 순 있으나 얼굴을 볼 수 없다 하셨습니다(출33:23). 이것도 그나마 모세에게만 특별히 허락해 주신 사건입니다. 하나님의 특별한 초청과 보호가 없다면 위대한 지도자 모세마저도 경험할 수 없는 아주 특별한 사건이었습니다(출33:21-23). 저자 요한이 말한 대로, 하나님을 본 사람은 그 누구도 없었습니다(요1:18, 5:27, 6:46 참조). 거기에 예외는 없었습니다.

그러나 이제 '말씀(로고스)'이 육신이 되심으로 하나님을 볼 수 있게 되었습니다(요1:14, 18, 14:6, 9). 하나님 그분을 성육하신 아드님 안에서 친히 목도합니다. 하나님의 계시의 절정 및 완성이 예수 그리스도 안에서 그리고 예수 그리스도를 통해서 이렇게 도래했습니다! 참으로 "은혜 위에 은혜"입니다(요1:16)! 넘치는 은혜의 다함 없는 물결입니다! 은혜와 진리는 결코 추상적 개념이 아닙니다. 은혜와 진리는 구체적이고도 인격적인 실체입니다. 은혜와 진리가 무엇인지를 알기 원하는 이는 바로 예수 그리스도 그분을 바라보아야 합니다. 성육하신 '말씀(로고스)', 하나님의 아들 그분께 주목해야 합니다.

45 요1:17에서 처음으로 "예수" 그리고 "그리스도"라는 단어가 각각 등장한다. "예수" 그리고 "그리스도"라는 단어를 이 시점까지 아껴 둔 데는 저자인 사도 요한의 수사학적 의도가 있다고 볼 수 있다. 동시에 "예수 그리스도"에 대한 명시적 언급은 요1:19부터 시작되는 본론 부분을 위한 예비로 볼 수 있다. 요1:17에서 "예수 그리스도"에 대한 언급이 요한복음에서 처음으로 이뤄진 후에, 바로 이어지는 부분에서 사도 요한은 예수 그리스도를 "아버지 품속에 있는 독생하신 하나님"(18절)과 동일시한다. 그리스도는 참 하나님이시요, 참 인간이시다. 칼케돈이 신약의 기독론을 비약적으로 발전시킨 것이라는 입장은 요한복음 프롤로그에 의해(그리고 신약의 다른 여러 구절들에 의해) 쉽게 반박된다.

46 예수 그리스도와 모세와의 비교가 17절의 중요한 요소다. 이러한 비교는 사도 요한의 최초 독자들의 주 대적자였던 바리새인들이 자신을 스스로 모세의 추종자로 자처했음과 무관치 않아 보인다. 모세에 대한 그리스도의 우월성은 모세의 추종자를 자처하는 대적들(바리새인들)의 입장에 대한 기독교 신앙의 우월성을 암시한다. 물론 바리새인들이 모세의 추종자임을 자처했다고 해서 그들이 모세를 통해 주신 율법의 가르침을 그 본뜻에 충실하게 믿고 순종했다는 의미는 아니다(요5:45-47 참조).

47 하나님의 "영광"과 "은혜와 진리"를 연결한 것에 대해선 출애굽기 33-34(34:6)장을 보라. 사도 요한이 여기서 언급한 은혜와 진리는 출34:6(시26:3; 잠16:6)이 말하는 '인자'와 '진실'과 일맥상통한다. "여호와께서 그의 앞으로 지나시며 선포하시되 여호와라 여호와라 자비롭고 은혜롭고 노하기를 더디하고 인자와 진실이 많은 하나님이라" (출34:6).

48 모세를 통해 주어진 계시(율법)이 하나님의 은혜와 진리를 드러내지 않았다는 의미가 결코 아니다. 저자 요한은 요1:17에서 참과 거짓, 은혜의 존재와 부재를 대조하는 것이 아니라, 은혜와 진리의 궁극적이고 완전하고 최종적인 계시와 그 앞서 주어진 계시(율법)를 비교하고 있다. 요한은 은혜와 진리의 궁극적 계시 그리고 하나님 아버지의 완전한 최종적 계시는 예수 그리스도를 통해서만 가능했고 또 그것이 실제로 그렇게 실현되었음을 강조한다.

49 이러한 필자의 이해는 요1:17에서 먼저 (1) 모세와 관련해서 사용된 동사 "주어진(헬라어: 에도떼이)"과 그리스도와 관련해서 사용된 동사 "온(헬라어: 에게네토)" 사이의 차이, 그리고 (2) 그리스도의 선재(preexistence)와 신성(divinity)을 거듭 강조하는 요한복음 프롤로그(요1:1-18)의 전체 동력에 근거하고 있다.

50 요한복음 서두(1:1)에서 언급된 대로, 그리스도는 하나님이시다. 그러나 모세는 하나님이 아니다! 히1:1-4:13(특히 3:1-6)을 함께 참조하라.

51 출애굽기 33-34장(모세가 하나님의 영광을 목도한 부분), 특히 출33:18 이하를 염두에 두고 요한복음의 프롤로그, 특별히 요1:17-18을 읽는 것이 도움이 된다.

묵|상|과|적|용|을|위|한|질|문

1. 당신이 일반적으로 '은혜' 그리고 '진리'라는 단어를 들을 때 어떤 개념이나 이미지가 떠오르나요? 당신은 '은혜'와 '진리'에 관한 자신의 이해를 예수님의 정체성(identity)과 사역에 연결시키고 있나요? 즉, 은혜와 진리가 무엇인지를 예수 그리스도 안에서 이해하고 있나요? 아니면 자신의 주관적인 생각이나 추상적 개념에 근거하여 은혜와 진리를 이해하고 있나요?

2. 당신은 그리스도 안에서 그리고 그를 통해서 주어지는 은혜의 다함 없는 물결을 경험하고 있나요? 어떤 부분에 구체적으로 이를 경험하고 있나요? 그렇지 않다면 또는 이것이 그저 추상적으로 느껴진다면, 왜 그렇다고 생각하는지요?

 나|만|의|묵|상|메|모

오늘 묵상을 통해 주신 깨달음에 대해 기록해 보세요.

저자와 함께하는 한 줄 기도

제 마음의 눈을 열어 그리스도 안에 있는 은혜의 다함없는 물결을 목도케 하소서.

 기도와 결단

오늘 묵상한 말씀의 적용과 삶의 결단을 담아 자신의 기도를 적어 보세요.

친밀함

오늘의 본문 1:18 본래 하나님을 본 사람이 없으되[52] 아버지[53] 품 속[54]에 있는…

저자 해설 및 묵상 요한복음의 프롤로그의 마지막 부분에서 사도 요한은 "아버지 품 속에 있는 독생하신 하나님"이란 인상적인 표현을 제시합니다. 여기서 '품 속'은 존재 가능한 최고로 친밀한 관계를 가리킵니다. 하나님의 유일한 아들이 아버지의 품 속에 계셨습니다. 아버지와 아들은 존재 가능한 최고의 친밀한 상호 교제와 사귐을 나누셨습니다. 그리고 성육신(incarnation)을 통해 아들은 아버지가 어떤 분인지를 드러내 주셨습니다(요1:18).

요1:18에서 사용된 '품 속'이란 표현이 요한복음에서 한 번 더 사용되는데, 바로 후반부의 시작부에 해당하는 요13:23에서입니다.[55]

예수의 제자 중 하나 곧 그가 사랑하시는 자가 예수의 품에 의지하여 누웠는지라(요13:23).

요1:18과 13:23을 연결해서 이해하면 다음과 같이 말할 수 있습니다. 하나님의 품 속에 계신 그의 유일한 아드님이 친히 사람이 되사 제자들에게 그리고 이 세상에 하나님이 누구신지를 드러내 주셨습니다. "그가 사랑하시는 제자(사도 요한)"는 예수 그리스도의 품 속에 안겨 있던 제자인데(요13:23), 이제 그는 4복음서를 통해 예수 그리스도가 누구신지를 독자들에게 들려줍니다.

아버지 품 속에 계시던 아드님은 하나님이셨고 아버지와 동등하시며 동일한 본질을 지닌 분이십니다. 그런 묘사가 "그 사랑하시는 제자(사도 요한)"에게는 결코 적용될 수 없습니다. 하지만 주님과의 친밀한 사귐과 교제('품 속'이 의미하는 바)가 예수 그리스도가 누구신지(즉 하나님이 누구신지)를 다른 사람에게 알리는 데 전제되어야 한다는 사실은 분명해 보입니다. 우리 역시 사도 요한처럼 예수님 품에 안겨 있어야 합니다. 주님과의 친밀한 사귐과 교제를 먼저 누려야 합니다. 말씀을 통해 예수님의 심장 박동 소리를 듣고, 기도를 통해 예수님과 친밀하게 사귐을 가져야 합니다. 그러고 나서 우리 주변의 동료 제자들에게 그리고 나아가 이 세상을 향해 예수 그리스도가 누구신지 그리고 그리스도께서 계시하신 하나님 아버지가 누구신지 증거하고 선포해야 합니다. 우리가 쉽게 지치고 탈진하는 이유 중 하나는 주님과의 친밀한 교제 없이 스스로 힘으로 사역을 일으키고 봉사해 보고자 애쓰기 때문입니다. 신앙적, 신학적으로는 옳은 소리만 골라서 하지만 그 이면에 예수님과의 사랑의 교제는 결여되어 있기 때문입니다.

요한복음이 자주 언급하는 '사랑(하다)'이라는 단어를 이해함에 있어 잘 살펴봐야 할 표현 중 하나가 바로 "그가 사랑하시는 제자"라는 명사구입니다. "그가 사랑하시는 제자"라는 표현은 저자인 사도 요한이 자신을 가리킬 때 사용하는 어구인데, 요한복음 13장에서 제일 먼저 등장합니다. 그런데 요한복음 13장은 저자 요한이 예수님께서 십자가를 향해 나아가심에 집중하기 시작하는 대목의 첫머리에 해당합니다. 바로 그 시점에서 "사랑하시는 제자"라는 표현이 처음 등장합니다. 이에 대해 더 자세한 설명을 곁들일 수도 있겠으나, 간략히 정리해서 말씀드리면, 다음과 같습니다. 사도 요한이 자신을 스스로 지칭할 때 사용하는 '사랑하시는 제자'라는 표현은 (그리고 그 표현에 포함된 '사랑'이란 개념은) 예수님의 십자가 대속적 죽음과 연결해서 이해되어야 합니다!

동서고금을 막론하고 '사랑'에 대한 수많은 담론이 있었습니다. 그러한 담론은 여전히 끊일 줄 모릅니다. 하지만, 사랑, 사랑함, 사랑받음에 대한 우리의 참된 이해는 근본적으로 예수님의 십자가 밑에서 발견됩니다. 사도 요한은 주님께서 자신을 사랑하신다는 진리를 그리스도의 십자가와 연결해 이해했습니다. 저자 요한은 "그가 사랑하시는 제자"라는 인상적 표현을 통해 '주님께서 다른 사람 말고 나만 특별히 사랑하셔'라는 식의 유치한 자기 자랑을 늘어놓는 게 아닙니다. 그는 십자가를 바라보며(요1:29 참조), 주님께서 자신을 위해 모든 것을 내어 주시고 십자가에서 대신 죽으신 그 놀라운 사건을 통해 예수님의 사랑을 굳게 확신한 것입니다. 사랑에 대한 또 하나의 '새로운' 담론에 관심을 기울이기보다, 십자가 밑에서 주님의 은혜와 사랑에 새로이 감격하는 이번 성탄 절기가 되길 간절히 기도합니다. 세상 죄 지고 가신 하나님의 어린양으로 인한 감격의 회복(요1:29), 이것이야말로 이번 성탄절에 있어 우리에게 가장 절실한 요소일 것입니다.

52 요6:46 참조.
53 요한복음은 예수 그리스도를 하나님의 아들로 거듭 묘사한다. 그가 하나님의 아들이라는 명시적 언급이 프롤로그 자체에는 나타나지 않지만, 하나님을 "아버지"로 묘사한 요1:18은 그가 하나님의 아들 되심을 전제한다.
54 여기서 "품"은 원어 상에서 가슴(chest) 혹은 '마음'(heart)으로도 번역이 가능한 단어이다.
55 요한복음의 후반부는 구체적으로는 13:1에서 시작한다.

묵상과 적용을 위한 질문

1. 당신은 지금 주님과 친밀한 사귐과 교제를 누리고 있나요? 구체적으로 어떻게 그것을 누리고 있나요?

2. 당신은 '사랑'을 어떻게 이해하고 정의하십니까? 당신은 그리스도의 십자가를 바라보며 자신이 주님께 사랑받는 자임을 굳게 신뢰하나요?

나만의 묵상메모

오늘 묵상을 통해 주신 깨달음에 대해 기록해 보세요.

저자와 함께하는 한 줄 기도

십자가를 통해 날 향한 주님의 사랑을 확신케 하시고 주님과의 친밀한 교제에 머물게 하소서.

기도와 결단

오늘 묵상한 말씀의 적용과 삶의 결단을 담아 자신의 기도를 적어 보세요.

아버지를 나타내심

오늘의 본문 1:18 …독생하신 하나님[56]이 나타내셨느니라[57]

저자 해설 및 묵상

사도 요한은 프롤로그의 마지막 절인 요1:18에서 "독생하신 하나님이 나타내셨느니라"는 선언을 통해 예수 그리스도께서 하나님에 대한 완전하고 최종적인 계시(revelation)이심을 말합니다.[58] 좀 우스운 표현이긴 한데 (비록 요즘은 더 이상 자주 듣지 못하지만) 전에 적잖은 수의 교인들이 '직통계시'라는 말을 쓰곤 했습니다. 기도를 많이 하시는 목사님, 기도원장님, 권사님, 집사님이 '직통계시를 받으신다더라'는 말이 있었습니다. 그런 분께 기도를 받으려고 특별히 애를 쓰고, 기도 받은 후에 개인적으로 '헌금'도 냈습니다.

그런데 사도 요한은 전혀 다른 뜻에서 직통계시에 대해 말합니다. 요한은 예수 그리스도 안에서 하나님에 대한 궁극적이고 완전한 계시가 이뤄졌음을 말합니다. 하나님을 본 자가 없다고 사도 요한은 주저 없이 단언합니다(요1:18). 심지어 모세조차도 하나님의 영광 일부만 볼 수 있었습니다(출33:20). 그러나 예수 그리스도 안에서 하나님이 말 그대로 직통으로 계시되었습니다! 하나님 아버지와 한 본질(요1:1)이신 그의 유일한 아드님은 아버지를 직접적으로, 최종적으로, 그리고 완전하게 계시하십니다. 예수 그리스도를 본 자는 하나님을 본 것입니다(요14:9)! 복음서와 신약의 편지들 그리고 요한계시록에 기록된 예수 그리스도에 대한 증언은 결국 하나님에 대한 증언입니다. 복음서에 기록된 예수님의 말씀은 하나님의 말씀입니다. 복음서에 기록된 예수님의 행동은 하나님 자신의 행동입니다. 누구든 하나님에 대해서 더 알고 싶다면, 바로 예수님을 바라봐야 합니다.[59]

동서고금에 '신'에 대한 담론이 무수히 많습니다. 여러 종교의 담론들과 철학 사상이 제시하는 '신'에 대한 주장들이 다양합니다. 또 '내가복음'식의 취사선택적 신학과 신앙도 우리 주변에 빈번히 존재합니다. 그러나 우리가 진정 하나님에 대해 알기 원한다면 그 모두를 과감히 내려놓고 성경이 예수님에 대해 뭐라고 말하고 예수님을 어떻게 묘사하고 있는지에 집중해야 합니다. 인간의 철학적 사변, 감정과 체험 혹은 의지와 결단을 통해서 만들어진 신이 아니라, 예수 그리스도를 통해 인격적으로 계시된 하나님만이 참 하나님이십니다. 예수 그리스도는 하나님 아버지에 대한 궁극적이고 최종적인 계시를 주십니다(유1:3 참조). 우리가 알아야 하는 하나님, 그러니까 유일하신 참 하나님은 예수 그리스도께서 계시해 주시는 바로 그 하나님이십니다(요14:9, 17:3).

예수님께서 보여주신 성품과 행동이 하나님의 성품과 행동입니다. 종교적 허세를 예수님이 얼마나 싫어하셨는지 생각해 보십시오! 또 버려지고 소외된 자들에게 얼마나 큰 사랑과 관심을 주셨는지 생각해 보십시오. 특히 그의 십자가와 부활에 주목하십시오. 그리고 하나님이 어떤 분이신지를 배우십시오. 예수님의 말씀은 바로 하나님의 말씀입니다. 예수님의 말씀은 선지자의 대언 정도가 아니라, 하나님 자신이 친히 말씀하시는 것입니다. 예수님께서는 그저 하나님에 대해 말씀하시거나 하나님의 계시를 대행자의 자격으로 전달하신 것이 아닙니다. 예수님은 단지 하나님을 대신해서(on behalf of God) 말씀하신 것이 아니라, 하나님으로(as God) 말씀하셨습니다. 그리고 하나님을 친히 보여주셨습니다(요14:9 [1:14 참조]). 예수 그리스도는 하나님에 대한 90% 계시가 아닙니다. 99.99% 계시도 아닙니다. 하나님에 대한 완전한 계시입니다(히1:3)! 그렇기에 아들을 본 자는 아버지를 본 것입니다(요14:9).

이 성탄 절기에 우리가 하나님을 더 친밀히 알기 원한다면, 바로 예수 그리스도께 주목해야 합니다. 예수님의 말씀과 행동에 집중해야 하고, 그의 십자가와 부활에 집중해야 합니다. 인간이 눈으로 볼 수 없는(invisible) 하나님에 대한 눈으로 볼 수 있는(visible) 계시가 바로 예수 그리스도 그분이십니다! 우리는 하나님을 최종적으로 그리고 완전하게 계시해 주시는 그리스도의 나심을 축하해야 합니다(마1:23 참조)! 하나님을 인간에게 최종적으로, 완전하게, 그리고 '직통으로' 계시하시기 위해서 하나님이 인간이 되셔야 했습니다. 그것이 바로 성육신의 신비이며(요1:14), 우리가 지금 어려운 시기에도 성탄을 변함없이 축하해야 할 이유입니다!

56 여기 요1:18의 '독생하신 하나님'이란 표현은 요1:1에서 '말씀(로고스)'을 "하나님"으로 묘사한 것과 1:14에서 그를 "아버지의 독생자"로 묘사한 것을 통합, 압축한 표현이다. 요1:18의 헬라어 원문을 직역하면, "… 독생하신 하나님 그가 나타내셨느니라"가 된다. 헬라어 문법상, "그가"는 "… 독생하신 하나님"을 강조해 주는 기능을 한다. "아버지 품 속에 있는 독생하신 하나님" 바로 그가 하나님 아버지를 직접 계시해 주셨음을 저자 요한은 강조한다. 우리가 믿는 하나님 아버지는 우리 주 예수 그리스도의 아버지, 즉 그리스도께서 친히 보여주시고 계시해 주신 아버지시다(요14:6, 9 참조).

57 요1:18의 "나타내셨느니라"(헬라어: 엑세게사토)는 원어의 의미상 '설명하다', '보도하다', '묘사하다', '계시하다'는 뜻을 지닐 수 있다. 여기서는 특별히 '계시하다'의 의미를 지닌다.

58 요1:1과 요1:18 간의 수미상관법(포섭구조)에 주목하라. 요1:1과 요1:18은 각각 프롤로그의 시작부분과 끝부분이다. 이 두 절(verses)은 하나님 아버지와 성육하신 '말씀'(하나님의 아들)에게 "하나님(헬라어: 떼오스)"이란 표현을 공히 적용한다.

59 물론 추가적 설명이 필요하긴 하지만, 구약이 제시하는 하나님의 성품과 행동에 대한 진술은 결국 예수 그리스도의 성품과 행동에 대한 진술이기도 하다. 그래서 예수님에 대해서 더 잘 알려면 구약을 알아야 한다. 구약 성경이 그리고 모세의 책들이 결국 예수님 자신에 대한 증언이라는 요5:31-47을 보라.

묵┊상┊과┊적┊용┊을┊위┊한┊질┊문

1. "누구든 하나님에 대해서 더 알고 싶다면, 바로 예수님을 바라봐야" 한다는 것(저자 해설 및 묵상)은 무슨 뜻인가요?

2. 당신은 이번 성탄 절기에 예수님을 아는 일에 힘쓰고 있나요? 이를 위해 구체적으로 어떻게 힘쓰고 있나요?

나┊만┊의┊묵┊상┊메┊모

오늘 묵상을 통해 주신 깨달음에 대해 기록해 보세요.

저자와 함께하는 한 줄 기도

이번 성탄 절기에 예수 그리스도께 집중케 하시고, 하나님을 더욱 친밀히 알게 하소서.

기도와 결단

오늘 묵상한 말씀의 적용과 삶의 결단을 담아 자신의 기도를 적어 보세요.

11 Day 여정

오늘의 본문		
	1:1	태초에 말씀이 계시니라 이 말씀이 하나님과 함께 계셨으니 이 말씀은 곧 하나님이시니라
	1:2	그가 태초에 하나님과 함께 계셨고
	1:3	만물이 그로 말미암아 지은 바 되었으니 지은 것이 하나도 그가 없이는 된 것이 없느니라
	1:4	그 안에 생명이 있었으니 이 생명은 사람들의 빛이라
	1:5	빛이 어둠에 비치되 어둠이 깨닫지 못하더라
	1:6	하나님께로부터 보내심을 받은 사람이 있으니 그의 이름은 요한이라
	1:7	그가 증언하러 왔으니 곧 빛에 대하여 증언하고 모든 사람이 자기로 말미암아 믿게 하려 함이라
	1:8	그는 이 빛이 아니요 이 빛에 대하여 증언하러 온 자라
	1:9	참 빛 곧 세상에 와서 각 사람에게 비추는 빛이 있었나니
	1:10	그가 세상에 계셨으며 세상은 그로 말미암아 지은 바 되었으되 세상이 그를 알지 못하였고
	1:11	자기 땅에 오매 자기 백성이 영접하지 아니하였으나
	1:12	영접하는 자 곧 그 이름을 믿는 자들에게는 하나님의 자녀가 되는 권세를 주셨으니
	1:13	이는 혈통으로나 육정으로나 사람의 뜻으로 나지 아니하고 오직 하나님께로부터 난 자들이니라

1:14 말씀이 육신이 되어 우리 가운데 거하시매 우리가 그의 영광을 보니 아버지의 독생자의 영광이요 은혜와 진리가 충만하더라

1:15 요한이 그에 대하여 증언하여 외쳐 이르되 내가 전에 말하기를 내 뒤에 오시는 이가 나보다 앞선 것은 나보다 먼저 계심이라 한 것이 이 사람을 가리킴이라 하니라

1:16 우리가 다 그의 충만한 데서 받으니 은혜 위에 은혜러라

1:17 율법은 모세로 말미암아 주어진 것이요 은혜와 진리는 예수 그리스도로 말미암아 온 것이라

1:18 본래 하나님을 본 사람이 없으되 아버지 품 속에 있는 독생하신 하나님이 나타내셨느니라

저자 해설 및 묵상

요한복음의 풍성하고 깊이 있는 내용을 한 문장으로 요약한다는 것 자체가 무리수를 두는 행동임이 분명하지만, 그래도 만일 전체 내용을 아주 간략하게 요약해야 한다면 아마 다음과 같이 말할 수 있겠습니다. '말씀(로고스)'이신 하나님의 유일하신 아드님이 하늘로부터 이 땅에서 오셔서 사역을 다 마치시고 십자가 죽음과 부활을 거쳐 다시 하늘 아버지께로 돌아가셨다. 그런데 하늘로부터 이 땅에 오셔서 사역을 다 마치시고 십자가와 부활을 거쳐 하늘 아버지께로 돌아가신 것이 요한복음의 핵심이라고 할 때, 그것은 제자도(제자 됨)에 대해 어떤 시사점을 갖는 것일까요?

복음서 연구에서 '여정(journey)'이라는 표현을 쓸 때, 낳은 경우 공관복음의 중간 부분(예: 막8:22-10:52)을 가리킵니다.

그러나 이 표현은 (조금 다른 뜻에서) 요한복음에도 적용될 수 있습니다. 공관복음의 여정 부분은 특별히 제자도에 대해 강조하는 것으로 널리 알려졌지만, 요한복음의 '여정'(즉, 본향인 하늘로 향하는 그 여정) 역시 제자도를 향한 의미심장한 가르침을 우리에게 선사합니다. 요한이 말하는 제자도란 하늘로부터 오신 '말씀(로고스)' 예수 그리스도를 믿어 하늘로부터 태어나는 일을 경험한 이들이 예수님을 따라가는 여정입니다. 그렇습니다! 제자도란 단지 기독교적 체계나 시스템을 따르는 데 그치는 것이 아니라 예수님 그분을 따름을 뜻합니다(요21:19, 21:22 [요1:43 참조]).[60] 그런데 그리스도를 따른다는 것은 결국 하늘로 향하는 여정에 동참한다는 의미입니다(요 14:1-14 참조). 예수님을 따른다는 것은 주께서 이끄시는 하늘로의 여정에 동참하는 것을 뜻하며, 그 하늘 여정 가운데 주님과 복음을 위해 겪는 우리의 고난은 사실 우리가 진정 하늘을 향해 나아가고 있음을 확인해 줍니다(요21:19 참조).

현대인은 분주함을 미덕으로 생각하며 살아갑니다. '정신없이 바쁘다'는 사실이 자신의 유용성과 가치를 입증해 주는 양 살아갑니다. 그래서 분주함과 그로 인한 '정신없음'을 자랑합니다. 시간이 남고 일정에 여유가 많다는 사실을 적어도 소극적인 뜻에서 수치와 불명예로 여깁니다. 물론 우리 각자가 그때그때 처한 상황에 따라 분주함을 피할 수 없는 경우가 있고 또 상대적으로 시간이 더 여유있을 때도 있습니다. 어떤 성탄 절기는 더 바쁘게 보낼 수밖에 없고 또 다른 성탄 절기는 상대적으로 여유가 많을 수도 있습니다. 그러나 그러한 상황과 상관없이 예수님의 제자인 우리가 잊지 말아야 할 사실은 바로 이것입니다. 제자의 길이란 하늘로부터 오신 '말씀(로고스)'이신 그리스도를 믿어 하늘로부터 태어난[61] 이들이 그가 가신 그 길을 따라가는 것이며, 그 여정은 궁극적으로 하늘을 향해 가는 여정입니다.

성도는 하늘(하나님)로부터 난 자입니다. 그들은 하늘에 속한 자입니다. 그것이 그들의 정체성입니다. 그리고 성도의 인생 여정은 결국 그리스도를 따라 하늘로 향하는 여정입니다(요14:1-14 참조). 그들이 걷는 길은 하늘길입니다. 그들의 시민권은 하늘에 있습니다. 이번 성탄을 준비하면서 독자들이 어떤 상황을 겪고 있는지 필자는 알지 못합니다. 그리고 어떤 내면적 위로와 도전을 경험하게 되실지도 솔직히 알지 못합니다. 그러나 그럼에도 불구하고 한 가지 분명한 것은 이번 성탄 절기 역시 예수님의 제자로 우리가 걸어가는 하늘 여정의 의미 있는 한 부분이라는 사실입니다. 그 사실을 생생하고 선명하게 기억한다면, 어려운 시기 한복판에서도 세상이 줄 수 없는 위로를 경험케 될 것이며, 힘들고 버거운 인생 가운데도 여전히 미소 지을 수 있을 것입니다.

---

60 요1:43(이튿날 예수께서 갈릴리로 나가려 하시다가 빌립을 만나 이르시되 나를 따르라 하시니)이 요 21:19, 22와 더불어 수미상관구조(포섭구조)를 형성한다고 볼 수 있다. 요한복음에서 2인칭 현재 단수 명령형인 아콜루떼이(ἀκολούθει)가 쓰인 것은 3회 뿐인데(요 1:43, 21:19, 22), 이 중 요 21:19, 22는 동일한 구절에 속해 있기에 하나로 볼 수 있다. 이같은 수미상관구조의 사용은 저자 요한이 제자도를 강조했음을 보여주는 한 예다.
61 제자들의 이름 변경(예를 늘어, 요1:42)은 그들 출신과 정체성의 변경·전환을 뜻한다. "데리고 예수께로 오니 예수께서 보시고 이르시되 네가 요한의 아들 시몬이니 장차 게바라 하리라 하시니라 (게바는 번역하면 베드로라)"(요1:42).

묵상과 적용을 위한 질문

1. 오늘 당신이 하늘로부터(하나님으로부터) 난 자라는 선명한 정체성을 갖고 살고 있나요?

2. 오늘 당신의 삶이 주님을 따라 하늘로 향하는 여정 가운데 있음을 인식하며 살고 있습니까?

나만의 묵상메모

오늘 묵상을 통해 주신 깨달음에 대해 기록해 보세요.

 저자와 함께하는 한 줄 기도

예수님의 제자는 하늘에 속한 자임을 기억케 하시고, 오늘 제 삶이 주님만을 따르게 하소서.

 기도와 결단

오늘 묵상한 말씀의 적용과 삶의 결단을 담아 자신의 기도를 적어 보세요.

나는 생명의 떡이라(1):
죽음의 노예 vs 영생을 소유한 자유인

오늘의 본문

6:26 예수께서 대답하여 이르시되 내가 진실로 진실로 너희에게 이르노니 너희가 나를 찾는 것은 표적을 본 까닭이 아니요 떡을 먹고 배부른 까닭이로다

6:27 썩을 양식을 위하여 일하지 말고 영생하도록 있는 양식을 위하여 하라 이 양식은 인자가 너희에게 주리니 인자는 아버지 하나님께서 인치신 자니라[62]

6:28 그들이 묻되 우리가 어떻게 하여야 하나님의 일을 하오리이까[63]

6:29 예수께서 대답하여 이르시되 하나님께서 보내신 이를 믿는 것이 하나님의 일이니라 하시니

6:30 그들이 묻되 그러면 우리가 보고 당신을 믿도록 행하시는 표적이[64] 무엇이니이까, 하시는 일이 무엇이니이까

6:31 기록된 바 하늘에서 그들에게 떡을 주어 먹게 하였다 함과 같이 우리 조상들은 광야에서 만나를 먹었나이다

6:32 예수께서 이르시되 내가 진실로 진실로 너희에게 이르노니 모세가 너희에게 하늘로부터 떡을 준 것이 아니라 내 아버지께서 너희에게 하늘로부터 참[65] 떡을 주시나니

6:33 하나님의 떡은 하늘에서 내려 세상에 생명을 주는 것이니라

6:34 그들이 이르되 주여 이 떡을 항상 우리에게 주소서

6:35 예수께서 이르시되 나는 생명의 떡이니 내게 오는 자는 결코 주리지 아니할 터이요 나를 믿는 자는 영원히 목마르지 아니하리라

6:36 그러나 내가 너희에게 이르기를 너희는 나를 보고도 믿지 아니하는도다 하였느니라

6:37 아버지께서 내게 주시는 자는 다 내게로 올 것이요 내게 오는 자는 내가 결코 내쫓지 아니하리라

6:38 내가 하늘에서 내려온 것은 내 뜻을 행하려 함이 아니요 나를 보내신 이의 뜻을 행하려 함이니라

6:39 나를 보내신 이의 뜻은 내게 주신 자 중에 내가 하나도 잃어 버리지[66] 아니하고 마지막 날에 다시 살리는 이것이니라

6:40 내 아버지의 뜻은 아들을 보고 믿는 자마다 영생을 얻는 이것이니 마지막 날에 내가 이를 다시 살리라 하시니라

저자 해설 및 묵상

장례식장에는 여러 표정들이 있습니다. 가장 눈에 들어오는 것은 세상에서 가장 큰 슬픔과 고통의 표정입니다. 이는 죽음이 세상에서 가장 슬프고 고통스러운 것임을 보여줍니다. 반면, 죽음이 큰일이 아닌 듯 애써 담담하게 이런저런 사람 사는 이야기들을 하며 서로 위로하는 얼굴도 있습니다. 죽음이 슬프고 고통스럽지만, 그들이 할 수 있는 것은 애써 웃어넘기는 것뿐입니다. 사람들은 한번 태어난 인간이 죽는 것은 당연한 것이라 여기며 죽음과 함께 살아가는 방법을 터득한 듯합니다.

죽음이 힘 앞에 아무것도 하지 못하는 이 세상은 성경 말씀 그대로 사망이 왕 노릇 하고 있는 곳입니다. 사망은 왕 노릇 하

고 있고 사람들은 그 힘 앞에 굴복하여 고통스러운 노예의 삶을 살고 있습니다. 그런데 우리는 왜 죽음과 그것이 주는 고통을 당연하게 받아들이며 살아야 할까요? 왜 우리에게 가장 큰 고통과 슬픔을 주는 사망이 왕이 되고 우리는 그에 종노릇 하며 살아야 할까요? 과연 인간이 이 죽음을 이기고 자유롭게 살 수는 없는 것인가요? 죽음에 노예 되어 고통당하는 인간이 영원한 생명을 얻고 자유롭게 살 수는 없는 것일까요?

죽음이라는 고통스러운 사슬을 온몸에 매고 노예의 삶을 살아가는 사람들에게 예수님이 외치십니다. "나는 생명의 떡이니 내게 오는 자는 결코 주리지 아니할 터이요 나를 믿는 자는 영원히 목마르지 아니하리라"(6:35). 예수님은 자신이 "아버지께서 너희에게 하늘로부터 주시는 참 떡이며"(6:32), "사람으로 하여금 먹고 죽지 아니하게 하는 것이라(6:50)"고 계시하십니다. 죽음이라는 사슬에 매여 슬픔과 고통으로 씨름하면서도 그것을 애써 일상으로 여기며 하루하루를 살아가는 세상에 자유와 기쁨을 주는 영원한 생명으로 가는 길이 선포된 것입니다. 하늘로부터 오는 참 떡인 예수님이십니다. 그를 먹는 사람은 영원한 생명을 얻고 참 자유를 누립니다.

예수님께서 하늘로부터 오시어 세상에 영원한 생명을 주시는 참 떡이라는 사실을 어떻게 확인하고 믿을 수 있을까요? 오늘 본문에는 바다 건너편에서 무리들이 예수님께 나아와 우리가 당신을 믿도록 행하시는 표적이 무엇이냐고 묻습니다. 예수님이 하늘로부터 내려오신 참 떡이신 줄 그들이 알고 믿을 수 있도록 표적을 베풀어 달라는 것입니다. 무리들은 그들의 조상은 광야에서 하늘에서 내려준 떡인 만나를 먹었다고 말하며 그들에게도 그와 같은 표적을 보여달라고 요구합니다. 그러나 오늘 본문의 바로 앞인 6장 초반부에 기록되어 있는 대로 저들은 이미 옛 이스라엘이 광야에서 만나를 먹은 것과 같은 오병이어의 표적을 직접 눈으로 보고 몸으로 경험하고 왔습니다.

예수님은 오병이어로 오천 명을 먹이시는 표적을 베푸시어 그가 사람들에게 하늘로부터 내려오는 생명의 양식을 주는 참된 선지자임을 보이셨습니다(요6:14). 그러나 그들은 믿지 않습니다. 예수님은 오병이어의 표적을 보고도 믿지 않는 이 무리들에게 "너희가 나를 찾는 것은 표적을 본 까닭이 아니요 떡을 먹고 배부른 까닭이로다"라고 말씀하십니다. 너희는 썩을 양식을 위해 일하는 사람들이요 영생을 주는 양식을 구하는 사람들이 아니라고 하십니다(요 6:27). 다시 말해, 그들은 영생에는 관심이 없습니다. 그들은 죽음을 일상으로 받아들이고 그에 얽매여 오직 이 세상에서 오늘 하루 먹을 것을 위해 일하는 근시안을 가진 사람들입니다.

며칠 후에 이 땅에 오시는 예수님은 사람들을 죽음의 노예에서 자유롭게 해방하십니다. 그가 이 땅에 태어나시는 이유는 친히 생명의 떡이 되사 그를 믿는 사람들에게 영원한 생명을 주시는 것입니다. 그에게 의지하는 사람은 그 누구라도 죄의 용서를 얻고 죽음을 보지 아니하며 하나님의 나라에서 영원히 살아갈 것입니다. 예수님을 믿는 사람들에게 죽음은 더이상 일상이 아닙니다. 예수님을 보고 믿는 사람들에게 죽음은 정복되었습니다. 우리는 더 이상 죽음의 종이 아닌 죄와 죽음에서 자유를 얻은 영생을 소유한 사람들입니다. 죽음은 더 이상 두려워할 필요 없습니다. 죽음으로 슬퍼할 필요 없습니다. 예수님이 주신 영생으로 진정한 자유를 누리며 그의 영광을 위해 살아가면 됩니다. 이미 정복된 죽음을 두려워 말고 영생의 떡이신 예수님을 날마다 먹고 마시며 그를 따라 하나님과 이웃을 위해 목숨을 버리는 삶을 살아가면 됩니다. 자신의 몸을 생명의 양식(떡)으로 내어주러 세상에 오시는 성탄의 의미를 마음에 다시 새기는 하루 되길 기도합니다.

62 "인치신 자니라"라 번역된 헬라어 스프라기조는 '인치다', '인장을 하다'라는 뜻의 동사이다. 인을 녹여 편지에 바르고 그 위에 도장을 찍어 밀봉하는 것을 나타낸다. 편지에 인을 찍어 편지의 내용이 인을 찍은 자의 권위를 가지고 있음을 나타낸다. 하나님이 인치신 인자라는 말씀도 예수님이 하시는 말과 행동이 하나님이 직접 행하시는 것과 같은 신적 권위를 가지고 있음을 나타낸다. 예수님은 하나님이시다.

63 이 구문은 직역하면 "우리가 무엇을 행해야 하나님의 일을 일하는 것입니까?"이다. 모세의 율법을 행하는 일을 중시하는 유대인들의 태도가 강하게 묻어나는 표현이다. "어떻게"라고 번역된 헬라어 티는 '무엇'을 기본으로 의미한다. "하여야"라고 번역된 헬라어 에르가조마이는 '일하다'라는 의미이다. "(하나님의) 일"이라 번역된 에르곤은 '일', '행위'를 의미한다. "하오리이까"라 번역된 포이에오는 '행하다'라는 의미이다. 일하다, 일, 행하다라는 반복되는 표현들이 모세 율법의 행위를 부각한다. 예수님은 다음 절에서 "오직 예수를 믿는 것"이 하나님의 일이라고 말씀하신다. 이는 예수님을 믿는 것이 모세 율법의 행위를 완성한다는 것을 암시한다. 생명은 모세 율법의 행위가 아니라 생명의 주인이신 예수님을 믿음으로만 얻을 수 있다.

64 "표적"이라 번역된 세메이온의 기본 뜻은 무엇인가를 표시하거나 암시하는 '신호', '표시', '표징', '표적'이다. 물론 포도주를 바꾸시는 등의 기적 등이 예수님이 메시아이심을 나타내는 '신호', '표시', '표징'임을 의미한다. 예수님은 표적을 통해 자신을 메시아로 나타내시지만, 사람들은 종종 기적이 주는 육체의 유익만을 얻으려 한다.

65 "참"이라 번역된 형용사 알레띠노스는 이 떡이 육신의 생명을 유지하는 일반 음식이 아니라 영원한 생명을 주는 하나님이 주시는 생명의 양식임을 표현한다. 알레띠노스는 '진리'를 의미하는 알레떼이아의 형용사형으로 이 떡이 영생을 주는 '진리의 떡'을 가리킨다고 확장해서 생각해 볼 수도 있다.

66 "잃어버리지"라 번역된 헬라어 아폴루미의 원뜻은 '완전히 멸망하게 하다', '완전히 없어지게 하다', '사망하게 하다'이다. 예수님은 마지막 날에 아버지께서 그에게 주신 자를 다시 살리시어 하나도 '멸망하지 않게' 하실 것을 약속하신다. 이는 37절에 "내가 결코 (밖으로) 내쫓지 아니하리라"는 말씀을 다시 약속해 주시는 것이다. 예수님은 어떠한 일이 있어도 하나님이 택하여 그에게 주신 사람들을 멸망하게 내버려 두거나 다시 밖으로 내쫓지 아니 하실 것이다. 예수님을 믿는 사람들의 구원은 확정되었다.

묵상과 적용을 위한 질문

1. 당신은 죽음을 어쩔 수 없이 받아들여야 하는 것으로 여기며 그 힘 앞에 굴복하고 있나요?

2. 예수님께서 죽음을 이기시고 우리에게 허락하신 자유로, 우리는 이 땅에서 어떤 일을 하며 살 수 있을까요?

나만의 묵상 메모

오늘 묵상을 통해 주신 깨달음에 대해 기록해 보세요.

저자와 함께하는 한 줄 기도

생명의 떡이신 예수님이 주시는 영생의 자유를 누리는 영광의 삶을 살게 하소서.

 기도와 결단

오늘 묵상한 말씀의 적용과 삶의 결단을 담아 자신의 기도를 적어 보세요.

13 Day · 나는 생명의 떡이라(2):
생명의 떡인 예수님의 살과 피

오늘의 본문

6:41 자기가 하늘에서 내려온 떡이라 하시므로 유대인들이 예수에 대하여 수군거려[67]

6:42 이르되 이는 요셉의 아들 예수가 아니냐 그 부모를 우리가 아는데 자기가 지금 어찌하여 하늘에서 내려왔다 하느냐

6:43 예수께서 대답하여 이르시되 너희는 서로 수군거리지 말라

6:44 나를 보내신 아버지께서 이끌지[68] 아니하시면 아무도 내게 올 수 없으니 오는 그를 내가 마지막 날에 다시 살리리라

6:45 선지자의 글에 그들이 다 하나님의 가르치심을 받으리라 기록되었은즉 아버지께 듣고 배운 사람마다 내게로 오느니라

6:46 이는 아버지를 본 자가 있다는 것이 아니라 오직 하나님에게서 온 자만 아버지를 보았느니라

6:47 진실로 진실로 너희에게 이르노니 믿는 자는 영생을 가졌나니

6:48 내가 곧 생명의 떡이니라

6:49 너희 조상들은 광야에서 만나를 먹었어도 죽었거니와

6:50 이는 하늘에서 내려오는 떡이니 사람으로 하여금 먹고 죽지 아니하게 하는 것이니라

6:51 나는 하늘에서 내려온 살아 있는 떡이니 사람이 이 떡을 먹으면 영생하리라 내가 줄 떡은 곧 세상의 생명을 위한 내 살[69]이니라 하시니라

6:52 그러므로 유대인들이 서로 다투어 이르되 이 사람이 어찌 능히 자기 살을 우리에게 주어 먹게 하겠느냐

6:53 예수께서 이르시되 내가 진실로 진실로 너희에게 이르노니 인자의 살을 먹지 아니하고 인자의 피를 마시지 아니하면 너희 속에[70] 생명이 없느니라

6:54 내 살을 먹고 내 피를 마시는 자는 영생을 가졌고 마지막 날에 내가 그를 다시 살리리니

6:55 내 살은 참된 양식이요 내 피는 참된 음료로다

6:56 내 살을 먹고 내 피를 마시는 자는 내 안에 거하고 나도 그의 안에 거하나니

6:57 살아 계신 아버지께서 나를 보내시매 내가 아버지로 말미암아 사는 것 같이 나를 먹는 그 사람도 나로 말미암아 살리라

6:58 이것은 하늘에서 내려온 떡이니 조상들이 먹고도 죽은 그것과 같지 아니하여 이 떡을 먹는 자는 영원히 살리라

저자 해설 및 묵상 우리는 영생을 얻고자 시도한 진시황을 어리석다 배웠습니다(진시황은 처음으로 중국을 통일하고 영원히 살 수 있는 방법을 찾았습니다). 이는 우리가 죽음을 당연한 것으로 여기는 세계관 속에서 오랫동안 살아왔기 때문일 것입니다. 그러나, 태초에 하나님이 하늘과 땅을 창조하실 때 사람은 죽지 않게 만들어졌습니다. 사람이 죽는 것이 당연한 것이 아니었습니다. 아담과 하와는 선악과를 따먹지 않는 조건에서 영원히 살도록

지음 받았습니다. 요한복음의 프롤로그(요1:1-18)는 예수님이 태초에 하나님과 함께 계셨고 하늘과 땅과 만물이 그로 말미암아 지음 받고 그에게서 생명을 얻었다고 말합니다. 그러므로 예수님은 태초에 죽음을 모르게 만들어진 사람들의 원래 상태를 누구보다 잘 아시는 분이십니다. 아담과 하와의 원죄로 인해 죽음이 심판으로 주어졌으나 죽음을 몰랐던 인간의 원래 상태를 회복하시기 위해 예수님이 세상에 오십니다. 예수님은 생명의 떡으로 오시어 그의 살과 피를 희생 제물로 내어 주고 부활하심으로 죽음을 이기십니다. 그리고 그를 믿는 사람들에게 영원한 생명을 주십니다. 예수님은 무너진 첫 창조를 회복하는 새로운 창조를 이루십니다.

생명의 떡인 예수님의 살을 먹는 사람은 부활하여 영생을 얻습니다. 생명의 떡은 구체적으로 예수님의 살(몸)을 가리킵니다(요6:51-58). 예수님의 살(몸)이 생명의 떡인 것은 그것이 희생제물로 십자가에 달리기 때문입니다. 십자가에 달린 예수님의 몸은 세상(사람)의 죄 값을 대신 치릅니다. 그리고 죄로 인해 내려진 죽음의 심판을 거두어 갑니다. 이 희생 제물을 먹고 마시는 사람은 죄 사함을 얻고 죽음의 심판에서 해방되어 영원한 생명을 얻습니다. 또한, 예수님의 몸을 먹고 그의 피를 마시면 예수님이 그 안에 들어가 사십니다. 그리고 그도 예수님 안에 사는 완전한 연합을 이룹니다. 이는 뗄 수 없는 피로 맺어지는 혈연입니다. 첫 창조 때 만물에 생명을 주신 예수님이 다시 한번 자기 몸을 생명의 떡으로 내어 주시어 새로운 생명을 창조하십니다. 첫 창조된 세상은 죄로 인해 죽음으로 가득하게 되었습니다. 그러나, 예수님은 다시 한번 세상을 영원한 생명으로 채우십니다.

그러나, 프롤로그의 말씀처럼 생명의 빛이신 예수님이 어두운 세상을 비추셨지만, 사람들이 깨닫지 못합니다. 예수님이 자기 땅에 오셨음에도 불구하고 자기 백성이 영접하지 아니합니다. 오늘 묵상 본문이 이를 잘 보여줍니다. 예수님을 믿지 아니하는 유대인들은 예수님을 낳은 요셉과 마리아는 자기들이 잘 아는 사람이라고 말하며 어찌하여 예수님이 하늘에서 내려왔다 하느냐고 수군거리며 조롱합니다. 요셉의 아들인 예수님이 나는 하나님의 아들이요 하늘에서 내려온 생명의 떡이라고 말하니 황당할 만도 합니다. 하지만, 그들은 예수님께서 베푸시는 무수한 표적을 보고 들었음에도 불구하고 깨닫지 못하고 그를 하나님의 아들로 믿지 아니합니다(요6:14; 마13:53-58참고). 예수님을 향한 저들의 조롱 섞인 수군거림과 배척은 사실은 그들 마음 깊은 곳에 자리 잡고 있는 하나님을 향한 불신앙에서 나오는 것입니다.

예수님은 자신을 받아들이지 아니하고 수군거리며 조롱하는 유대인들에게 "나를 보내신 아버지께서 이끌지 아니하시면 아무도 내게 올 수 없으니 오는 그를 내가 마지막 날에 다시 살리리라"고 말씀하십니다(요6:44). 예수님을 조롱하며 배척하는 사람들은 하나님 아버지께서 예수님께 이끌지 아니하시어 그를 믿지 못하는 것입니다. 예수님은 "선지자의 글에 그들이 다 하나님의 가르치심을 받으리라 기록되었은즉 아버지께 듣고 배운 사람마다 내게로 오느니라"고 말씀하십니다(요6:45). 저들이 하나님 아버지께 듣고 배운 하나님의 백성이라면 예수님을 영접해야 합니다. 하지만, 저들은 하나님의 아들 예수님을 조롱하고 배척하며 그들이 하나님의 백성이 아님을 드러냅니다. 하나님이 저들의 악함을 아시고 예수님을 믿지 않게 하시어 마지막 날에 다시 살림 받지 못하게 하는 심판을 주신 것입니다(요3:18; 12:39-40; 마11:25-27참고). 오직 예수님을 믿는 자들이 하나님의 백성입니다. 예수님을 믿는 사람은 하늘 아버지께서 예수님께 주사 그를 믿고 그에게 가는 사람들입니다. 예수님은 그에게 오는 자를 결코 내쫓지 아니하시고 잃어버리지도 아니하시고 마지막 날에 부활하게 하실 것입니다. 이는 예수님이 주시는 분명한 약속입니다.

 예수님이 십자가에 자기 몸을 대속 제물로 내어주신 것은 "너희 몸을 산 제물로 드리라"는 롬12:1의 모본이라고 말할 수 있습니다. 우리도 자신의 몸(목숨)을 생명의 떡으로 사람들에게 나누신 예수님의 모본을 따라 이웃을 위해 희생하고 섬기며 생명을 살리는 삶을 살아야 할 것입니다. 이 세상에서의 삶이 온전히 하나님이 기뻐 받으시는 희생과 섬김의 삶이 되어야 할 것입니다. 이것이 우리가 기념해야 할 성탄의 의미이며 예수님이 세상에 오시는 목적입니다. 예수님이 대속 제물로 내어주신 몸을 먹고 우리도 우리의 몸을 산 제물로 다시 돌려드리는 성탄을 만들어 보시기 바랍니다.

67 "수군거려"라 번역된 헬라어 고구조는 '중얼거리다', '잡음을 내다', '작은 소리로 말하다'라는 뜻이다. 비둘기가 '구구구' 거리듯 작은 소리를 내는 것에서 유래한다. 이 단어는 보통 불만, 불평, 투덜거림을 다른 사람에게 들리지 않게 조용히 말하는 것을 나타낸다. 예수님이 하늘에서 내려온 떡이라 말하자 말도 안되는 미친 소리라며 욕하며 수군대는 것을 표현한다. 예수님을 하나님의 아들이요 생명의 떡으로 받아들이지 아니하는 사람들의 반응을 있는 그대로 보여준다. 예수님은 그들에게 수군거리지 말라고 말씀하시며 오직 하나님 아버지께서 이끌어 주셔야 자기를 믿고 영생을 얻을 수 있다고 선언하신다. 하나님이 생명의 주인이시며 오직 그의 선택과 의지에 우리의 영생이 달려있다는 것이 선명히 선포된다.

68 "이끌지"라고 번역된 헬라어 헬코는 '끌다', '끌어 당기다', '힘으로 상대방의 의지에 대항하여 끌다', '내적인 힘으로 끌다'라는 의미이다. 단순히 '인도하다', '리드하다', '(리더로서) 이끌다'라는 뜻이 아니다. 요21:6에서는 "그물을 들 수 없더라"라 번역되어 나타나며 21:11에서는 "그물을 육지에 끌어 올리니"라 번역된다. 물고기가 가득 담긴 무거운 그물을 끌어 당기는 그림이 이 단어를 정확히 표현한다. 오늘 본문에서도 이 단어는 예수님을 믿어 구원을 얻는 것이 사람의 힘으로 하는 것이 결코 아니요 오직 하나님이 주권적인 힘으로 사람을 끌어 당기어 예수님을 믿게 하심으로 가능하게 되는 것임을 드러낸다.

69 "살"이라 번역된 사르크스는 인간의 '몸' 혹은 '육체'를 의미하는 단어이다. 사르크스를 '몸'이라 읽을 때 우리가 먹고 영생을 얻는 것이 십자가에 희생 제물로 달리신 예수님의 몸이라는 것을 더 분명히 나타낸다.

70 "너희 속에"라 번역된 헬라어 전치사구 엔 헤아우토이스는 '~안에', '~속에', '~방법으로'라는 뜻의 전치사 엔과 '혼자', '스스로'라는 뜻의 재귀대명사 헤아우투로 구성된다. "너희 속에"라 번역되었지만 '너희 스스로의 안에', 혹은 '너희 스스로의 방법으로'라는 의미를 갖는다. 헬라어 원어와 문맥을 볼 때 '너희 스스로의 방법으로는', 혹은 '너희 혼자서는' 생명을 소유할 수 없다는 것을 선언한다. 이는 죽음과 생명에 대한 인간의 무능력과 유한함을 나타내는 표현이다. 사람이 오직 예수님의 몸과 피로만 생명을 얻을 수 있음을 강조한다.

묵상과 적용을 위한 질문

1. '사람이 영원히 살 수 있다'는 고백이 당신의 신앙생활과 일상에 어떤 실제적 변화를 가져올 수 있을까요?

2. 우리의 믿음조차 하나님께서 허락하시는 것이라는 사실에 대해 어떻게 생각하나요?

3. 실제 생활에서 예수님과 어떻게 연합하고 동거할 수 있을까요?

 나만의 묵상 메모

오늘 묵상을 통해 주신 깨달음에 대해 기록해 보세요.

저·자·와·함·께·하·는·한·줄·기·도

하루하루 삶의 여정 가운데 예수님의 몸과 피로 연합하고 동거하는 거룩한 삶을 살게 하소서.

 기·도·와·결·단

오늘 묵상한 말씀의 적용과 삶의 결단을 담아 자신의 기도를 적어 보세요.

더 깊은 묵상과 기도(Ⅱ)

더 깊은 묵상을 위한 가이드

한 주간(지난 6일간) 묵상했던 본문을 독자께서 직접 더 깊이 묵상하고 더 깊은 기도의 자리로 나아가는 시간입니다. 먼저 해당 본문을 천천히 기도하는 마음으로 읽으시고 그 가운데 주님의 인도하심을 따라 더 깊이 있는 말씀 묵상과 기도의 자리로 나아가시기 바랍니다. 다음의 질문들이 묵상과 기도에 도움이 되실 것입니다.

- 지난 한 주간 묵상했던 내용 중 특별히 더 주목하게 되는 부분은 무엇입니까? 지난 한 주간 깨닫지 못 했는데 새롭게 깨닫게 된 부분은 무엇입니까?

- 지난 한 주간 깨달은 내용 중 그간 실천한 것은 무엇입니까? 그렇게 실천하는 과정에서 무엇을 새롭게 경험했습니까?

- 실천하는 과정에서 어려웠던 것은 무엇입니까? 지난 한 주간 깨달은 내용 중 제대로 실천하지 못 했거나 잊어버렸던 것은 무엇입니까?

- 지난 한 주간 깨달은 것과 실천할 수 있었던 것에 대해 주님께 감사의 기도와 찬양을 드리시기 바랍니다. 아직 실천하지 않고 있거나 실천함에 있어 어려움이 있는 것들에 대해서는 힘과 지혜와 용기를 주셔서 실천할 수 있게 해 달라고 주님께 간구하세요.

- 그 외의 묵상 내용과 기도를 자유롭게 적어보세요.

더 깊은 묵상

더 깊은 기도

위의 내용을 활용하셔서 묵상 나눔을 가지시기를 추천합니다. 묵상 나눔은 줌(Zoom)이나 카카오톡 단톡방을 통해 비대면으로 진행하실 수도 있고, 또 방역 수칙을 철저히 준수하면서 대면으로 진행할 수 있습니다.

"나는 세상의 빛이라"(1):
세상의 죄를 밝히는 말씀의 빛

오늘의 본문

8:1	예수는 감람 산으로 가시니라
8:2	아침에 다시 성전으로 들어오시니 백성이 다 나아오는지라 앉으사 그들을 가르치시더니
8:3	서기관들과 바리새인들이 음행중에 잡힌 여자를 끌고 와서 가운데 세우고
8:4	예수께 말하되 선생이여 이 여자가 간음하다가 현장에서 잡혔나이다
8:5	모세는 율법에 이러한 여자를 돌로 치라 명하였거니와 선생은 어떻게 말하겠나이까
8:6	그들이 이렇게 말함은 고발할 조건을 얻고자 하여 예수를 시험함이러라 예수께서 몸을 굽히사 손가락으로 땅에 쓰시니
8:7	그들이 묻기를 마지 아니하는지라 이에 일어나 이르시되 너희 중에 죄 없는 자가 먼저 돌로 치라 하시고
8:8	다시 몸을 굽혀 손가락으로 땅에 쓰시니[71]
8:9	그들이 이 말씀을 듣고 양심에 가책을 느껴 어른으로 시작하여 젊은이까지 하나씩 하나씩 나가고 오직 예수와 그 가운데 섰는 여자만 남았더라
8:10	예수께서 일어나사 여자 외에 아무도 없는 것을 보시고 이르시되 여자여 너를 고발하던 그들이 어디 있느냐 너를 정죄한 자가 없느냐

| 8:11 | 대답하되 주여 없나이다 예수께서 이르시되 나도 너를 정죄하지[72] 아니하노니 가서 다시는 죄를 범하지 말라 하시니라 |
| 8:12 | (그러므로)[73] 예수께서 또 말씀하여 이르시되 나는 세상의 빛이니 나를 따르는 자는[74] 어둠에 다니지 아니하고 생명의 빛을 얻으리라 |

저자 해설 및 묵상

'죄를 밝히다'라는 표현이 있습니다. 죄에 빛을 비추어 그 죄를 누구라도 볼 수 있게 밝히 드러내는 것입니다. 또한, 드러난 죄에 합당한 심판을 하는 것입니다. "죄로 어두운 곳을 밝히다"라는 비슷한 표현도 있습니다. 어두움이 상징하는 죄악 혹은 죽음이 가득한 곳에 빛을 비추어 그 죄악을 밝히 드러내고 몰아내는 것입니다. 몰아내는 것에 멈추지 않고 빛이 상징하는 의와 선과 생명으로 가득히 채워 새롭게 하는 것입니다. 어두운 세상에 빛으로 오신 예수님도 이와 같은 의미를 갖습니다(요1:5, 9, 8:12). 빛이신 예수님이 어두움이 상징하는 죄와 그 결과인 사망이 가득한 세상(각 사람)에 오시어 모든 죄를 밝히 드러내시고 죽음의 그림자를 몰아내십니다. 그리고 빛이 상징하는 의와 선과 생명으로 세상을 가득 채우십니다.

빛이신 예수님이 세상을 비추어 그 안의 죄를 밝히 드러내신다는 것은 구체적으로 예수님이 그의 말씀으로 세상의 죄를 드러내신다는 것을 의미합니다. 율법의 말씀이 세상(각 사람)을 비추어 그 안의 죄를 드러내었듯이 (혹은 죄로 죄 되게 하였듯이), 말씀 자체이시며 모세보다 크신 예수님이 세상에 오시어 말씀으로 세상(각 사람)을 비추어 그 안의 죄를 드러내십니다. 죄로 어두운 세상을 비추는 빛은 예수님의 말씀입니다. 요한복음의 프롤로그는 예수님이 모든 것의 기준이고 법이 되는 하나님의 말씀이면서 동시에 생명의 빛이라고 선언합니다. 생명의 빛이신 예수님의 말씀은 죄를 드러내고 그 죄로 인해 드리운 죽음의 어둠도 몰아냅니다. 예수님이 가르치는 말씀에 담긴 하나님의 의와 선이 세상의 죄를 몰아내고 동시에 죄의 결국인 죽음도 몰아냅니다. 예수님의 의와 선의 말씀을 따르면 죄와 사망에 눌리고 억압당했던 모든 사람들이 생명을 얻고 자유롭게 됩니다(요8:32, 36).

하나님의 말씀은 히브리서 기자의 고백처럼 살아 있고 활력이 있어 좌우에 날선 어떤 검보다도 예리하여 혼과 영과 및 관절과 골수를 찔러 쪼개기까지 하며 또 마음의 생각과 뜻을 판단합니다(히4:12). 마찬가지로 하나님의 말씀 자체이신 예수님이 지나가시며 말씀을 선포하시는 곳마다 사람들의 영혼과 관절과 골수가 쪼개집니다. 그리고 그 갈라진 틈에 말씀의 씨앗이 심겨집니다. 심겨진 하나님의 말씀에 싹이 트고 자라나 사람들의 마음과 생각과 의지를 변화시킵니다. 예수님의 말씀과 그의 삶 속에 담긴 의와 선과 생명이 각 사람들에게 열매로 맺히기 시작합니다. 빛이신 예수님을 따르는 사람들은 그의 말씀을 통해 생명을 얻고 더 이상 죄와 사망의 어두운 곳이 아니라 의와 선과 생명의 길로 다니게 됩니다(요8:12).

특히, 요8:1-11의 간음한 여인의 사건은 '그러므로'라는 접속사를 통해 그 다음인 12절의 말씀과 연결됩니다. 간음한 여인 사건은 12절이 명시한 바대로, 예수님이 생명의 말씀이며 말씀의 빛을 비추어 죄와 사망을 드러내고 의와 생명으로 채우시는 분임을 생생히 시연합니다. 서기관과 바리새인들은 예수님을 시험하려 간음한 여인을 끌어와 모세가 하나님께 받은 율법대로 돌로 쳐야 한다고 말합니다. 그러자 예수님은 하나님이 시내산 정상에서 모세에게 두 번에 걸쳐 율법을 새겨 주신 것처럼 땅에 두 번 말씀을 새기시는 모습을 보여주십니다. 예수님은 의도적으로 하나님이 두 번 율법을 새겨 주신 장면을 연상하게 하신 것입니다. 이를 통해 자신이 모세에게 율법을 새겨 주신 하나님과 동등한 권위로 말씀을 선포하는 분이심을 보여 주시는 것입니다. 혹은 하나님이며 말씀 자체이신 그가 옛 모세에게 율법을 두 번 새겨 주신 분이심을 알게 하신 것입니다. 예수님은 태초에 계신 말씀이며 그가 하나님과 함께 계셨고 이 말씀이신 예수님이 곧 하나님이라는 요한복음 프롤로그를 시연하신 것입니다.

예수님은 바리새인들과 서기관들에게 죄 없는 자가 돌로 치라고 명하십니다. 그러자 그들은 돌을 버리고 물러납니다. 예수님이 간음한 사람을 돌로 치라는 율법을 무너뜨린 것이 아닙니다. 오히려 율법을 새겨 주신 분이 그 율법에 담긴 더 온전한 의미를 깨닫게 하시는 것입니다. 그리고 율법의 더 중한바 사랑을 실천하시며 시연하신 것입니다. 예수님은 여인에게 더 이상 죄를 짓지 말라고 하시며 그녀를 죄에서 선으로 돌이키십니다. 죄와 죽음에서 그녀를 건지고 의와 생명의 삶을 살게 하십니다. 죄를 밝혀 사람을 죽이는 것이 아니라 죄에서 돌이켜 생명을 얻게 하십니다. 이것이 성경 말씀(율법)이 담고 있는 하나님의 참뜻입니다.

말씀 그 자체이신 예수님이 탄생하신 이유도 이와 같습니다. 말씀의 빛으로 죄를 밝혀 죽이려는 것이 아니라 말씀이 담고 있는 의와 선으로 돌이켜 살리려 하십니다. 사람의 죄를 밝혀 죽이려는 것이 아니라 드러난 죄로 인해 그가 대신 죽고 사람을 살리려 하는 것입니다. 예수님을 따르는 사람들도 말씀의 빛으로 죄로 어두운 사회 곳곳을 비추어야 합니다. 죄와 불의의 어두움을 밝히고 그 안에 고통 당하는 사람들을 위해 목숨을 내어주는 사랑으로 생명을 얻게 해야 합니다. 이것이 우리가 기억하고 기념해야 할 성탄의 진정한 의미입니다.

71 6절과 8절에 "(땅에) 쓰시니"라고 번역된 헬라어 단어는 그라포이다. 기본 의미는 "새기다", "파다"이다. 고대에 돌이나 물건에 글을 파거나 새겨 넣는 것에서 유래한다. 후대에 가죽이나 종이가 개발된 이후에는 '쓰다'라고 이해하게 되었다. 하지만, 그 기본 의미는 '새기다' '파다'이다. 오늘 본문에서도 예수님이 땅에 말씀을 쓰시는 것보다는 새기시는 행위를 표현한다. 예수님이 말씀을 새기시는 행위는 하나님이 돌판에 율법을 새기시는 행위와 동일하다. 간음한 여인에 관한 율법을 두고 서기관들과 부딪히신 예수님은 땅에 글을 새기시는 행위를 하심으로 그가 하나님과 동등한 권세를 가지고 법을 새겨 주시는 분이심을 의도적으로 나타내신다. 땅에 두 번 새기시는 것은 율법을 두 번 새겨 주시는 하나님의 모습과도 일치한다. 하나님과 동등한 법을 새기시는 권세를 가지신 예수님은 율법의 참된 의도는 간음한 여인을 죽이는 것이 아니라 돌이켜 살리는 것임을 나타내신다.

72 10절과 11절에 "정죄한"과 "정죄하지"라고 번역된 단어는 카타크리노이다. '심판하다', '재판하다', '유죄판결 내리다'라는 의미의 법정 용어이다. 재판 혹은 심판하여 의로운 사람과 불의한 사람(죄인)을 판결하는 것이다. 본문에서도 단순 정죄의 수준을 넘어 모세의 율법에 따라 간음한 여인을 재판, 심판하다는 의미로 사용된다. 예수님은 너희 중 죄 없는 자가 먼저 돌로 치라 말씀하시며 아무도 여인을 판결할 자격이 없음을 밝히신다. 반면, 예수님은 '나는 너를 유죄판결하지 않는다' 말씀하시며 하나님의 아들이신 자신만이 유일한 판결자임을 선언하신다. 예수님은 다시는 죄를 범하지 말라 하시며 여인을 죄에서 의로 돌이키게 하신다. 죄의 어둠에 두지 아니하시고 돌이키게 하시어 생명의 빛을 얻게 하신다.

73 한글 성경에는 번역되지 않았지만, 일반적으로 "그러므로"라는 의미를 나타내는 헬라어 단어 운이 12절 첫 부분에 사용된다. 이는 요8:1-11의 간음한 여인의 이야기가 요8:12가 말하는 예수님이 "세상의 빛"이며 "생명의 빛"임을 보여주는 사건이라는 것을 시사한다. 예수님은 간음을 범한 여인을 돌로 치지 아니하시고 오히려 용서하시고 돌이키시어 그가 세상의 죄를 밝히는 빛이며 생명을 주는 빛이심을 나타내신다.

74 '나를 따르는 자'라 번역된 아콜루쎄오는 '같은 길을 걷는다'라는 의미를 기본으로 한다. '나를'이라 번역된 에모이와 함께 쓰여 '나와 함께 같은 길을 걷는 자'라는 의미이다. 또한, 종이나 수행원으로 함께 혹은 뒤에 '따라가다', '좇다', '뒤를 잇다', '추구하다'라는 의미를 나타낸다. 특히, 이 단어는 군대 용어로 병사들이 상관의 명령을 좇아 행한다라는 의미도 포함한다(계19:14). 본문에서는 예수님의 제자가 되어 그와 함께 길을 가는 사람, 그의 가르침을 배우고, 종으로서 수행하고 섬기며, 그의 군사로서 싸움터에 나가 그의 명령을 수행하는 사람들을 나타낸다. 예수님과 함께 같은 길을 걷는 것은 괴롭고 고통스러우며 세상이 보기에 멋져 보이지 않아도 생명의 빛을 얻는 가장 가치 있는 일이다.

묵상과 적용을 위한 질문

1. 생명의 빛이신 예수님이 그 말씀으로 당신의 죄를 비추어 밝히시고 그 죄를 몰아내고 고치시며 새롭게 변화시킨 경험이 있나요?

2. 빛 되신 하나님의 말씀을 비추어 죄의 어두움을 몰아내고 의와 선으로 채워가야 할 장소가 있나요? 우리의 교회는 그런 장소인가요?

나만의 묵상메모

오늘 묵상을 통해 주신 깨달음에 대해 기록해 보세요.

저자와 함께하는 한 줄 기도

빛이신 예수님의 말씀으로 나의 마음과 몸을 비추어 죄를 밝히시고 의와 선이 가득한 삶으로 돌이키게 하소서.

 기도와 결단

오늘 묵상한 말씀의 적용과 삶의 결단을 담아 자신의 기도를 적어 보세요.

16 Day "나는 세상의 빛이라"(2):
첫 창조 vs 새 창조

오늘의 본문

9:1 예수께서 길을 가실 때에 날 때부터 맹인[75] 된 사람을 보신지라

9:2 제자들이 물어 이르되 랍비여 이 사람이 맹인으로 난 것이 누구의 죄로 인함이니이까 자기니이까 그의 부모니이까

9:3 예수께서 대답하시되 이 사람이나 그 부모의 죄로 인한 것이 아니라 그에게서 하나님이 하시는 일을 나타내고자 하심이라[76]

9:4 때가 아직 낮이매 나를 보내신 이의 일을 우리가 하여야 하리라 밤이 오리니 그 때는 아무도 일할 수 없느니라

9:5 내가 세상에 있는 동안에는 세상의 빛이로라

9:6 이 말씀을 하시고 땅에 침을 뱉어 진흙을 이겨[77] 그의 눈에 바르시고

9:7 이르시되 실로암 못에 가서 씻으라 하시니 (실로암은 번역하면 보냄을 받았다는 뜻이라)[78] 이에 가서 씻고 밝은 눈으로 왔더라

9:8 이웃 사람들과 전에 그가 걸인인 것을 보았던 사람들이 이르되 이는 앉아서 구걸하던 자가 아니냐

9:9 어떤 사람은 그 사람이라 하며 어떤 사람은 아니라 그와 비슷하다 하거늘 자기 말은 내가 그라 하니

9:10 그들이 묻되 그러면 네 눈이 어떻게 떠졌느냐[79]

9:11 대답하되 예수라 하는 그 사람이 진흙을 이겨 내 눈에 바르고 나더러 실로암에 가서 씻으라 하기에 가서 씻었더니 보게 되었노라

9:12 그들이 이르되 그가 어디 있느냐 이르되 알지 못하노라 하니라

저자 해설 및 묵상

오늘 본문에는 나면서부터 맹인 된 사람이 등장합니다. 제자들은 날 때부터 맹인 된 사람을 보고 궁금하여 예수님께 묻습니다. "누가 죄를 지어서 이 사람이 맹인으로 태어난 것입니까? 이 사람입니까? 아니면 그의 부모입니까?" 예수님 당시 유대인들은 어떤 사람이 병이 들거나 맹인이 된 것은 그 사람이 지은 죄 때문이라고 생각했습니다. 그런데 이 사람은 태어날 때부터 맹인이었기 때문에 그가 지은 죄로 맹인이 될 수 없었습니다. 엄마 뱃속의 태아는 맹인이 될만한 죄를 지을 수 없기 때문입니다. 그들의 기준으로는 명확한 이유를 알 수 없었습니다. 제자들은 그들 나름대로 가장 그럴듯한 추론을 하여 그의 부모가 죄를 지어서 이 사람이 맹인으로 태어난 것인지 묻는 것입니다. 하지만, 부모는 맹인이 된 당사자가 아니기 때문에 명확한 답은 아니었습니다. 제자들은 그들이 가지고 있는 전제(세계관)와 사고로는 도저히 이 상황을 이해할 수 없었기 때문에 예수님께 물었습니다. 무엇 때문에 이 사람은 나면서부터 맹인이 된 것일까요? 이는 현재를 사는 우리들에게도 중요한 질문입니다. 나면서부터 맹인 된 사람의 경우처럼 세상에 존재하는 죽음, 질병, 그로 인한 고통의 원인은 무엇인가요?

예수님은 이 사람이 죄를 지어서도 아니고, 그의 부모가 죄를 지어서도 아니라고 답하십니다. 오히려, 그 사람을 통해서 하나님이 하시는 일을 나타내시기 위해서라고 말씀하십니다(요9:3). 지난 묵상 본문에서 보았듯이 이 하나님의 일은 하나님이 보내신 이인 예수님을 믿는 것입니다(요6:29). 다시 말해, 이 사람이 맹인으로 태어난 것은 세상(사람)이 예수님을 하나님이 보내신 이로 믿게 하기 위한 것입니다. 그리고 예수님은 이 맹인의 눈을 뜨게 하시는 기적을 베푸시어 사람들이 그를 하나님이 보내신 이로 믿게 하십니다. 무엇보다, 하나님의 일은 하나님이 보내신 예수님을 세상의 빛(생명의 빛)으로 믿는 것입니다(요8:12, 9:5). 하나님이 세상에 빛으로 보내신 예수님은 어둠 속에 사는 맹인의 눈을 밝히시어 자신이 어두운 세상을 밝히는 빛(생명의 빛)임을 믿게 하십니다. 그러니 답은 분명합니다. 이 사람이 맹인으로 태어난 것은 하나님이 죽음으로 어두운 세상에 생명의 빛으로 보내신 예수님을 믿는 하나님의 일을 위한 것입니다.

특히, 예수님은 흙을 빚어 맹인의 눈을 밝히심으로 흙을 빚어 사람을 지은 첫 창조와 이 사건을 연결합니다. 하나님이 첫 창조 때 흙을 빚어 사람을 만드셨던 것처럼 예수님은 흙을 빚어 맹인을 다시 온전하게 회복하십니다. 예수님은 다분히 의도적으로 흙으로 맹인을 회복하시며 흙으로 지은 첫 창조의 깨어짐과 그것이 다시 회복되어야 하는 상태에 있음을 알려주십니다. 이는 나면서부터 맹인 된 사람의 원인이 첫 창조의 깨어짐 때문이라는 것을 선명히 암시합니다. 우리가 잘 알다시피 온전했던 첫 창조 세계는 하와와 아담의 원죄로 인해 깨어졌습니다. 원죄에 대한 심판으로 사람은 죽음을 비롯한 질병, 장애, 고통, 슬픔이라는 어둠 속에 살게 되었습니다. 날 때부터 맹인 된

이 사람 역시 누구의 죄도 아닌 원죄로 인해 깨어진 세상에서 장애를 갖고 태어난 것입니다. 예수님은 죄로 깨어진 첫 창조 세상을 다시 새롭게 하는 분이십니다. 그는 세상을 덮고 있는 죄와 그로 인한 죽음, 장애, 고통, 슬픔의 어둠을 몰아내시는 세상의 빛이십니다. 예수님은 이 나면서부터 맹인 된 사람을 흙으로 고치시어 그가 하나님이 보내시어 첫 창조를 회복하는 세상의 빛이심을 믿게 하십니다.

나면서부터 맹인 된 사람과 같이 세상에 존재하는 죽음, 질병, 그로 인한 고통의 원인은 무엇인가요? 그것은 원죄로 인해 심판받아 깨어진 첫 창조 세상을 덮고 있는 죽음과 질병의 어둠 때문입니다. 세상(사람)에 존재하는 죽음, 질병, 고통, 아픔의 근본적인 원인도 마찬가지죠. 우리는 모두 누구 하나 예외 없이 종류와 강도는 다르지만, 이 어둠 속에서 신음하며 살고 있습니다. 그러나 하나님은 그의 자녀들을 이 어둠과 고통 속에 버려두지 않으십니다. 하나님은 예수 그리스도를 세상의 빛으로 보내어 어둠과 죽음을 몰아내십니다. 하나님이 태초에 흑암으로 캄캄하던 땅에 빛을 비추시어 천지를 창조하신 것처럼 예수님이 죽음, 질병, 고통, 아픔의 어둠으로 캄캄한 세상에 생명의 빛을 비추시어 다시 새롭게 회복하기를 원하십니다. 나면서부터 맹인 된 사람의 치유는 예수님을 세상을 구원하는 생명의 빛이심을 믿게 합니다. 예수님이 우리의 유일한 소망입니다. 며칠 후 예수님이 세상에 빛으로 태어나십니다. 예수님으로 인해 이제 세상(사람)은 어둠이 아니라 첫 에덴에 가득했던 빛, 생명, 기쁨, 안식, 하나님의 영광을 회복합니다. 생명의 빛으로 세상을 새롭게 창조하는 일을 이루기 위해 오시는 예수님을 기억하고 예배하는 성탄절이 되기를 기도합니다.

75 "맹인"이라 번역된 헬라어 튀플로스는 '연기/안개로 인해 어두워진'이 기본 의미이다. '연기를 일으키다'라는 의미의 동사 투포로부터 유래된다. '연기로 인해 어두워진'을 기본 의미로 육체적 그리고 영적 어두워짐을 의미한다. 맹인의 어두운 눈을 띄우시는 이 사건은 단순한 치유 사건이 아니다. (죄의) 연기로 어두워져 한 치 앞을 볼 수 없는 사람들을(세상을) 밝히는 사건이다. 빛이신 예수님이 죄로 어두운 세상을 밝히시어 해방하는 것을 상징하는 사건이다.

76 "그에게서"라 번역된 헬라어 전치사구 엔 아우토는 '그를 통하여' 혹은 '그를 인하여'라고 번역할 수 있다. 맹인을 통하여 하나님의 일을 계시하신다는 것이다. 하나님의 일은 하나님이 보내신 예수님을 믿는 것이다(요6:29). 예수님은 맹인의 눈을 띄우심으로 그를 생명의 빛으로 드러내시고 믿게 하신다. 원죄로 인해 완전했던 첫 창조 세계가 깨어지고 죽음과 고통을 심판으로 받은 세상은 여러 가지로 불완전하다. 질병과 선천적 장애도 그 한 예이다. 예수님은 원죄로 인해 나면서부터 맹인 된 이의 눈을 밝히신다. 그렇게 하심으로 그가 원죄로 인해 세상에 내려진 죽음과 고통의 심판을 해결하는 하나님이 보내신 분임을 드러낸다. 그를 믿는 자는 죄와 죽음에서 구원을 얻는다.

77 "(진흙을) 이겨"라 의역된 헬라어 단어는 포이에오이다. "이겨"라고 의역되었지만 '일하다', '행하다'라는 의미이다. 아무 일도 하면 안 되는 안식일에 일하시는 예수님의 모습을 의도적으로 강조해 드러낸다. 유대인들은 안식일에 진흙을 만든 일로 예수님을 정죄하고 고발하는 일에 혈안이 된다 (요9:14-41). 맹인이 눈을 뜨게 되고 고통스러운 삶에서 벗어나 새로운 인생을 얻게 된 일은 마음에 없다. 눈을 덮을 만한 작은 진흙을 만드는 일을 하신 예수님을 핍박하는 저들의 모습은 너무나 악하다. 이런 모습은 그들이 그토록 철저히 지키고자 하는 율법에 담긴 하나님의 참 뜻과는 거리가 멀다. 예수님은 안식일에 사람을 온전하게 하시는 일을 "외모로 판단하지 말고 공의롭게 판단하라"고 하신다(요7:24).

78 "실로암"은 '보냄 받은 못'이라는 의미이다. 실로암은 앗시리아의 침공을 대비해 히스기야 왕이 만든 것이다. 히스기야는 예루살렘 성벽 아래로 터널을 뚫어 기혼샘 물을 성안으로 보내 실로암에 저장한다. 즉, 실로암은 전쟁 중에 예루살렘성에 갇힌 사람들에게 성밖에서 보내어진 생명수 역할을 하였다. 예수님은 왜 맹인을 실로암에 보내어 눈을 뜨게 하시는가? 예루살렘 성 안으로 보내어진 이 실로암 생명수는 사람들을 살리기 위해 세상에 생명수로 보내어진 예수님을 상징하기 때문이다(요7:38). 예수님을 상징하는 실로암에서 눈이 어두운 맹인이 밝히 보게 되는 것은 세상에 생명의 빛으로 보냄 받은 예수님이 어두운 세상을 생명의 빛으로 밝히시는 것을 상징한다.

79 "떠졌느냐"라고 번역된 아노이고는 '열다'를 의미한다. 특히 이 단어는 성경에서 '하늘이 열린다'는 표현을 나타내는 데 주로 사용된다. 이는 단절되었던 하늘과 땅이 다시 연결된다는 의미이다(마3:16). 이 단어는 요1:51에서 "하늘이 열리고" 하나님의 사자들이 인자 위에 오르락내리락하는 장면을 보리라는 예수님의 말씀에서 처음 나타난다. 그리고 본문에서 다시 사용된다. 하늘이 열리는 것과 맹인의 눈이 열리는 것의 의미가 크게 다르지 않다는 것을 시사한다. 오래 닫혔던 하늘이 열려 어두운 세상에 생명의 빛이 비치게 되었듯이, 오래 닫혔던 맹인의 눈도 열려 어두운 삶에 생명의 빛이 비추게 되었다. 예수님이 하늘의 문을 여시고 맹인의 눈도 여신다. 이것이 성탄절에 기억해야 할 의미이다.

묵상과 적용을 위한 질문

1. 나면서부터 맹인 된 사람의 경우처럼 자신이 잘못한 일이 없음에도 불구하고 고난과 고통을 당한 일이 있나요?

2. 세상의 빛으로 오신 예수님께서 죄와 죽음과 그로 인한 고난, 고통, 질병, 아픔, 슬픔 등의 문제를 해결하시는 것을 실제 생활에서 경험해 보신 적 있나요?

3. 당신은 안식일에 진흙을 이기는 작은 일이라도 하지 않는 것과 이웃 사람을 보살피기 위해 일을 하는 것 중 무엇이 하나님의 음성(뜻)이라고 생각하시나요?

 나만의 묵상 메모

오늘 묵상을 통해 주신 깨달음에 대해 기록해 보세요.

저자와 함께 하는 한 줄 기도

생명의 말씀으로 나의 죄를 비추시고 나를 새롭게 창조하소서.

 기도와 결단

오늘 묵상한 말씀의 적용과 삶의 결단을 담아 자신의 기도를 적어 보세요.

"나는 양의 문이라"
: 생명으로 들어가는 문이신 예수님

오늘의 본문

10:1 내가 진실로 진실로 너희에게 이르노니 문을 통하여 양의 우리에 들어가지 아니하고 다른 데로 넘어가는 자는 절도며 강도요

10:2 문으로 들어가는 이는 양의 목자라

10:3 문지기는 그를 위하여 문을 열고 양은 그의 음성을 듣나니 그가 자기 양의 이름을 각각 불러 인도하여 내느니라

10:4 자기 양을 다 내놓은 후에 앞서 가면 양들이 그의 음성을 아는 고로 따라오되[80]

10:5 타인의 음성은 알지 못하는 고로 타인을 따르지 아니하고 도리어 도망하느니라[81]

10:6 예수께서 이 비유로[82] 그들에게 말씀하셨으나 그들은 그가 하신 말씀이 무엇인지 알지 못하니라[83]

10:7 그러므로 예수께서 다시 이르시되 내가 진실로 진실로 너희에게 말하노니 나는 양의 문이라

10:8 나보다 먼저 온 자는 다 절도요 강도니 양들이 듣지 아니하였느니라

10:9 내가 문이니 누구든지 나로 말미암아 들어가면 구원을 받고 또는 들어가며 나오며 꼴을 얻으리라[84]

10:10 도둑이 오는 것은 도둑질하고 죽이고 멸망시키려는 것뿐이요 내가 온 것은 양으로 생명을 얻게 하고 더

풍성히 얻게 하려는 것이라[85]

저자 해설 및 묵상

예수님은 '진실로 진실로'라는 표현으로 오늘 본문의 말씀을 시작하십니다. '진실로'라 번역된 아멘은 '확고한', '변치 않을', '진실로', '정확히', '참으로' 등을 의미합니다. 예수님은 아멘을 두 번 반복해 '진실로 진실로'라는 표현을 사용하십니다. 이는 요한복음에만 나타나는 현상입니다. 두 번 연속 사용된 아멘은 헬라어 최상급의 효과가 있습니다. 이는 '가장 확실히', '최대로 틀림없이', '최고로 자신을 가지고'라는 의미입니다. '진실로 진실로'라 번역되어 감정적인 호소 정도로 느껴질 수 있지만, 최상급의 의미인 '최고의 진리', 혹은 '더 이상 정확할 수 없는 진실'이라는 의미를 나타냅니다. 예수님은 이 표현을 통해 그가 하시는 말씀이 절대적 진리임을 강조하십니다. 예수님은 가장 정확하고 확실한 진리 중의 진리, 혹은 사실 중의 사실을 알고 계신 하나님이요 세상을 그 진리로 구원하시는 분이십니다.

아멘을 두 번 반복하는 '진실로 진실로'라는 표현은 요한복음에서만 25번이나 나타납니다. 다시 말해, 예수님은 이 구문을 사용해 요한복음에서 25번이나 완전한 진리의 말씀을 선포하신 것입니다. 요한복음은 하나님의 진리로 충만한 책입니다. 오늘 본문 10:1-5에서 예수님은 진실로 진실로를 사용하시어 모든 사람들이 공감하는 진리 혹은 사실을 말씀하십니다. 양의 우리에 문으로 들어가는 사람이 양의 목자이며 다른 데로 넘어 들어가는 사람은 도둑이며 강도입니다. 문지기는 그 목자를 위해 문을 열고 양은 각각의 이름을 부르는 목자의 음성을 알아듣고 우리에서 나와 그를 따라갑니다. 양들은 다른 사람의 음성은 그들이 아는 것이 아니기에 따르지 않습니다. 오히려 위협을 느끼며 자기들을 해칠까 염려하여 피해 도망갑니다.

저자 요한은 요10:6에서 사람들이 예수님이 이 비유를 통해 무엇을 말씀하시는 것인지 사람들이 알지 못하였다는 구체적인 정황을 소개합니다. 비유란 것이 암호와 같은 것이어서 그것을 베푼 사람이 설명해 주지 아니하면 그 의미를 알 수 없습니다. 예수님은 10:7에서 다시 한번 "진실로 진실로"를 사용하시어 베풀어 주신 비유가 전달하는 완전한 진리를 명확히 밝혀 주십니다. "나는 양의 문이라", "내가 문이니 누구든지 나로 말미암아 들어가면 구원을 받고 또는 들어가며 나오며 꼴을 얻으리라." 오직 문으로 들어가고 나가는 양만이 꼴을 얻고 생명을 유지하며 살 수 있습니다. 문이 아닌 다른 데로 넘어 들어가는 도둑과 강도를 따라가서는 꼴을 얻지 못하고 팔리거나 잡아 먹혀 생명을 잃을 수밖에 없습니다. 예수님만이 가장 확고하고 유일한 구원의 문입니다. 그를 통하여 들어가지 아니하고는 아무도 영생을 얻을 수 없습니다.

또한, 예수님은 "나보다 먼저 온 자는 다 절도요 강도니 양들이 듣지 아니하였고, ... 그들은 도둑질하고 죽이고 멸망시키려는 것뿐이요"라고 선언하십니다(요10:8-10). 예수님이 말씀하시는 그보다 먼저 온 절도요 강도인 사람들은 악한 예루살렘 종교 지도자들, 서기관들, 바리새인들, 유대인들입니다. 오늘 본문을 감싸고 있는 요한복음 9장의 문맥이 이를 잘 보여줍니다. 그들은 안식일에 진흙 이기는 일을 하여 나면서부터 맹인인 사람의 눈을 고치신 예수님을 죽이려 하는 악한 사람들입니다(요9:14-16, 24-25). 오랜 시간을 빛 한 줄기 보지 못하고 어둠 속에서 구걸하며 살던 한 사람이 눈을 떴지만, 그들에게는 아무런 감격도 감사도 없습니다. 오히려 자신들의 열심으로 만들어 놓은 안식일 규정을 어겼다는 이유로 예수님을 죽이려 하는 자기 의와 열심만 가득합니다. 그들이 돌보는 양이 살게 되었음에도 불구하고 기뻐하지 않는 모습은 저들이 양을 돌보는 목자가 아니요 죽이고 멸망시키는 도둑이요 강도인 것을 분명히 알게 합니다. 그들은 스스로를 모세의 제자라고 말하지만 모세 율법의 가장 큰 계명인 하나님을 사랑하고 이웃을 사랑하는 마음과 행위는 어디에서도 찾아볼 수 없는 거짓 제자들입니다.

 세상은 높은 연봉을 준다는 대기업이 문, 정부 요직을 향한 출세의 문, 더 나은 삶을 살 수 있다고 말하는 일류 대학의 문, 더 나은 외모를 만들어 준다는 성형외과의 문을 드나듭니다. 결과는 최하위권 행복 지수, 날로 기록을 경신하는 우울증 비율, OECD 국가 중 최고 자살률 등입니다. 이 문들은 죽음과 멸망으로 우리를 이끌어갑니다. 그러나 예수님은 누구라도 들어가고 나오며, 꼴과 생명을 얻는 "양의 문", 즉 구원의 문입니다. 그리고 진실로 진실로 생명을 얻게 하고 더 풍성한 영생을 얻게 하는 문입니다. 생명의 문으로 세상에 오시는 예수님을 깊이 묵상하는 성탄절이 되길 원합니다.

80 "따라 오되"라고 번역된 헬라어 단어는 아콜루쎄오이다. 목자의 음성을 듣고 그를 따라가는 양의 모습을 나타낸다. 이 단어는 요한복음뿐만이 아니라 사복음서 전체에서 예수님의 음성을 듣고 그를 따라나서는 제자들과 무리들의 모습을 나타낸다(요1:37-40, 8:12, 13:36 등). 예수님의 제자가 되어 그와 함께 길을 걷는 것, 그의 가르침을 듣고 순종하며, 종으로서 섬기며, 그의 군사로서 명령을 수행하는 사람들을 나타낸다. 제자, 종, 군인은 자신의 스승, 주인, 지휘관의 목소리를 알고 오직 그들의 음성만 따른다. Day 15 각주 74을 참고하라.

81 "도망하느니라"라고 번역된 헬라어 퓨고는 안전을 위해 피하다라는 의미이다. 단순히 '도망하다'라는 의미가 아니다. 양들은 낯선 음성으로 부르는 사람을 자기를 해치고 위협하는 사람으로 인식한다. 그렇기 때문에 양들은 낯선 음성을 듣고 안전을 위해 도망간다. 주인이 아닌 사람은 그를 위협하고 해치고 이용하기 때문이다. 우리도 주님의 음성이 아닌 것을 경계하고 우리를 해롭게 할까 피하여 도망쳐야 한다. 거짓 복음, 변역 복음, 성공주의 복음 등은 주님의 음성이 아니다. 우리를 해치고 죽이는 것이다. 경계하여 우리 생명의 안전을 위하여 도망치듯 피해야 한다.

82 '비유'라 번역된 단어는 헬라어 파로이미아이다. 성경에 '비유'라는 의미로 자주 사용되는 파라볼레와는 다르다. 파로이미아는 '에두른 이야기', '에두른 표현'이라는 뜻으로 '직유적 표현'을 나타낸다. '비유'가 현실에 없는 일이나 상황을 만들어 메시지를 전달하는 것에 비해 파로이미아는 현실에 존재하는 것을 사용해 표현한다. 본문에서도 이 단어는 예수님이 매일 현실에서 목격할 수 있는 목자, 양, 양의 문 등을 사용해 진리를 전달하는 것을 나타낸다. 특히, 이 단어는 목자와 양의 문에 관한 이야기 단락이 마무리되는 요10:24에 '(당신이 … 그리스도이면) 밝히 말씀하소서'라 번역된 파레시아의 반의어이다. 유대인들은 예수님의 이 직유(비유)를 듣고 그 의미를 이해하지 못한다. 그렇기 때문에 직접적이고 분명한 언어로 그가 그리스도인지 아닌지 밝히 말해 달라고 요구한다. 이는 예수님이 이 직유(비유)를 통해 자신이 그리스도임을 감추고 있다는 것을 드러낸다. 예수님의 음성을 듣고 그를 그리스도로 알고 따르는 사람은 하나님의 백성(양)이다. 그러나 그렇지 않은 사람들은 하나님의 백성(양)이 아니기 때문에 예수님의 음성을 알아차리지 못하며 따르지 않는다.

83 "알지"라고 번역된 헬라어 기노스코는 '~를 인식하다', '~를 이해하다', '(오감으로) 알아차리다', '지식이나 통찰을 얻다'라는 의미이다. 이는 표면적인 인식을 넘어서는 개념 이해, 의미나 의중의 인식을 의미한다. 본문에서는 예수님의 직유(비유)를 이해하지 못하는 사람들을 묘사한다. 예수님은 저들이 이 직유(비유)를 이해하지 못하는 모습과 저들이 자신을 메시아로 이해하지 못하는 상황을 투영한다.

84 "얻으리라"라고 번역된 헬라어 휴리스코는 '찾다', '발견하다'를 의미한다. 예수님은 양들이 양식(꼴)을 찾을 수 있는 곳으로 인도하는 문이다. 이 문으로 들어가고 나오지 않고서는 양식(꼴)을 찾을 수 있는 초원으로 갈 수 없다. 예수님만이 영생의 양식이 있는 푸른 초장으로 인도하시는 문이다.

85 "더 풍성히"라고 번역된 페리손은 '넘치는', '~보다 위에', '초월하는', '너무 많은', '남아도는', '과도한', '보통의 정도를 넘어서는'이라는 의미를 나타내는 형용사이다. 본문에서는 '생명보다 위에 있는 생명', '생명을 초월하는 생명'인 '영생'을 나타낸다. 즉, 10절의 말씀은 생명을 얻게 하고 또한 그 생명을 넘어서는 그 보다 위의 것인 초월하는 생명, 즉 영원한 생명을 얻게 하려 한다는 것이다.

묵상과 적용을 위한 질문

1. 당신의 삶 속에서 날마다 드나드는 문은 어떤 것이 있나요? 그 문들은 당신에게 어떤 의미이며, 당신에게 무엇을 주나요?

2. 당신은 날마다 예수님이라는 문을 들어오고 나가며 영생의 양식을 얻고 있나요? 아침, 점심, 저녁마다 예수님을 통해 드나들며 매순간 그를 따르고 있나요?

나만의 묵상메모

오늘 묵상을 통해 주신 깨달음에 대해 기록해 보세요.

저자와 함께하는 한 줄 기도

생명이 아닌 썩을 것을 위해 만들어 놓은 세상의 여러 문들이 아니라 영생을 주는 문이신 예수님을 통해 들어가고 나가며 살게 하소서.

기도와 결단

오늘 묵상한 말씀의 적용과 삶의 결단을 담아 자신의 기도를 적어 보세요.

18 Day "나는 선한 목자라"(1)
: 양을 대신해 목숨을 버리는 선한 목자

오늘의 본문

10:11 나는 선한[86] 목자라 선한 목자는 양들을 위하여 목숨을 버리거니와[87]

10:12 삯꾼[88]은 목자가 아니요 양도 제 양이 아니라 이리가 오는 것을 보면 양을 버리고 달아나나니[89] 이리가 양을 물어 가고 또 헤치느니라

10:13 달아나는 것은 그가 삯꾼인 까닭에 양을 돌보지 아니함이나

저자 해설 및 묵상

예수님은 자신을 "선한 목자"라 묘사하십니다. '목자'라는 이미지는 성경에 자주 등장합니다. 목자 이미지를 이해하기 위해 성경 곳곳에 등장하는 다양한 목자의 모습과 의미를 찾아볼 수 있을 것입니다(예, 시편 23편). 하지만, "선한 목자"라는 표현은 전체 성경에서 오늘 묵상 본문인 요한복음 10장에만 나타나는 특별한 표현입니다(요10:11, 14). "선한 목자"는 일반적인 '목자'가 아니라 특정한 의미의 목자를 묘사합니다. 예수님은 "선한 목자는 양들을 위하여 목숨을 버리거니와"라고 말씀하십니다. 즉, 선한 목자는 자신이 소유한 가축인 양을 대신하여 죽는 목자입니다(요10:11, 15, 17). 양들을 위해 목숨을 버릴 수 있을 만큼 희

생하고 섬기는 정도가 아닙니다. "선한 목자"는 자기 양을 대신해 목숨을 버리는, 즉 죽는 목자를 특정합니다.

넓은 의미에서 "선한 목자"를 착한 목자, 희생적 목자, 혹은 헌신적 목자 등으로 이해할 수도 있을 것입니다. 하지만, 예수님은 엄밀히 자신을 양을 대신해 목숨을 버리는 선한 목자라고 표현하십니다. "선한 목자는 양들을 위하여 목숨을 버리거니와"라고 번역된 원어 성경은 "선한 목자는 그의 목숨(생명)을 양들을 대신해 내려놓는다"라고도 직역할 수 있습니다. 이 직역은 선한 목자 은유가 양들의 목숨을 대신해 자신의 목숨을 내려놓는 목자임을 특정해 나타낸다는 것을 더 잘 알게 합니다. 선한 목자는 실제로 양들을 대신해 목숨을 버리고 양을 살립니다. 목숨을 희생하는 점에서 선함보다는 숭고함(혹은 고결함)이 더 잘 어울리는 표현입니다.

예수님은 "선한 목자는 양들을 위하여 목숨을 버린다"라는 비유가 당신이 제자들의 죄를 대신 해서 십자가에서 죽고 다시 부활하는 것을 의미하고 있음을 설명하십니다. 예수님은 요10:17에서 "내가 내 목숨을 버리는 것은 그것을 내가 다시 얻기 위함이니"라고 말씀하시며 선한 목자가 실제로 양을 대신해 죽고 그 후에 목숨을 다시 얻는 것임을 분명히 하십니다. 요10:17은 양을 대신해 죽는 숭고한 목자가 그의 제자들의 죄를 대신해 십자가에서 목숨(몸)을 버리고 삼 일 후에 부활하여 다시 목숨을 얻는 예수님을 묘사한다는 것을 알려줍니다. 하나님은 죽음의 그림자로 어두운 세상에서 살아가는 그의 소유된 백성들을 버려두지 아니하시고 성육신하시어 그들을 대신해 십자가에 목숨을 버리고 대신 죗값을 치러 그들을 살리십니다.

또한, 예수님은 자신이 그의 소유한 백성을 대신해 목숨(몸)을 버리는 숭고한(선한) 목자임을 강조하기 삯꾼과 대조하여 설명합니다. 삯꾼은 목자도 아니고 양의 주인도 아니기에 이리가 양을 잡아먹으려 할 때 양을 돌보지 않습니다. 오히려 이리의 위협으로부터 양이 아니라 자신을 보호하기 위해 양을 버리고 도망갑니다. 양들은 잡아먹히고 또 뿔뿔이 흩어져버립니다. 하지만, 양들의 주인인 숭고한 목자는 양을 대신해 목숨을 버리고 양을 살립니다. 어느 인간 목자가 소유한 양을 대신해 죽을 수 있을까요? 사람이 소유한 가축을 대신해 죽는 것은 있을 수 없는 일입니다. 아무리 제 가축을 사랑으로 돌보는 사람이라고 해도 동물을 대신해 죽지는 않습니다.

하지만, 자기 소유의 하찮은 양 한 마리를 대신해 목숨을 버리는 숭고한 목자의 사랑을 예수님에게서 찾아볼 수 있습니다. 인간이 양을 대신해 죽는 것만큼이나 있을 수 없는 일이 하나님이신 예수님이 피조물인 인간을 대신해 죽는 것입니다. 하나님이 세상(사람)을 이처럼 사랑하사 독생자 예수님을 세상에 보내십니다(요3:16). 하나님이신 예수님은 창조물인 사람을 대신해 십자가에서 죽어 그들을 살리십니다. 인간이 가축을 위해 죽는 것과 같은 불가능한 사랑을 하나님이신 예수님이 하십니다. 선한(숭고한) 목자이신 예수님은 그의 소유된 백성을 대신해 목숨을 버리십니다. 그들을 대신해 그 살이 채찍에 뜯기시고 피 흘리시고 죽으시어 대속하시고 구원하십니다. 이 숭고한 목자이신 예수님을 따르는 우리는 어떤 어려움과 죽음의 위기에서도 결코 염려하거나 걱정할 필요가 없습니다. 예수님이 보호해 주시고 대신 죽으십니다. 우리로 영원한 생명을 얻게 하시고 하늘 나라로 인도하십니다. 이 사랑을 이루시려 예수님이 세상에 오십니다. 이 선한 목자의 사랑에 감복하고 안심하는 성탄절이 되길 기도합니다.

86 "선한"이라 번역된 형용사 칼로스는 '아름다운', '훌륭한', '뛰어난', '좋은', '잘 들어맞는', '고결한', '숭고한' 등의 의미이다. 이 단어가 수식하는 사물이나 사람이 그 역할에 있어 가장 탁월하고 뛰어나며 최적화되었음을 나타낸다. "선한"이라는 번역은 '착한' 혹은 '부드러운 성품' 등을 의미한다. 하지만, 엄밀히 말해 이는 칼로스의 정확한 의미는 아니다. 본문에서 칼로스는 예수님이 가장 뛰어나고 탁월하며 훌륭한 '목자'임을 말한다. 그리고 가장 뛰어난 목자는 그의 양을 위해 목숨을 내려놓는 목자이다. 목숨을 희생하는 예수님은 고결하고 숭고한 목자이다.

87 이 구문은 "선한 목자는 그의 목숨을 양들을 대신해 내려놓는다" 혹은 "선한 목자는 그의 목숨(생명)을 양들 위에 놓는다"로 직역할 수 있다. "목숨"이라 번역된 프쉬케는 생명, 목숨, 호흡 등을 나타낸다. "버리거니와"라 번역된 티쎄미는 (특별한 장소/위치에) "놓다", "두다", "위치하다", "내려놓다" 등을 의미한다. "(양들을) 위하여"라 번역된 전치사 휘페르는 "~위에", "~대신해"라는 의미이다. "양들을 위하여"보다는 "양들을 대신하여"를 의미한다. 즉, 이리가 양을 공격할 때 삯꾼은 도망하나 선한 목자는 자신의 목숨을 양들을 대신해 버리는 것이다. 양을 대신해 목숨을 버리는 숭고한 목자는 그를 따르는 백성의 죄를 대속하기 위해 죽고 부활하는 예수님을 묘사한다(요10:17).

88 "삯꾼"이라 번역된 헬라어 미스도토스는 '종', '고용된 자'라는 의미이다. "삯꾼"이라는 번역은 '돈을 받고 일하는 자'라는 강한 뉘앙스를 전달한다. 하지만, 미스도토스는 고용된 '종'이라는 의미를 강조한다. 본문에서는 양을 소유한 주인과 대비되는 의미에서 '양들의 주인이 아닌 자', 즉 '종'의 의미에 강조점이 있다. 양을 돌보는 것에 대한 주인과 종의 책임감 혹은 마음가짐에 대한 대조를 부각한다. 또한, 예수 그리스도가 무한한 사랑과 목숨으로 그의 소유인 자녀들을 보호하는 분이심을 대조적으로 강조한다.

09 "달아니니니"와 "달아나는"(13절)이라 번역된 헬라어 퓨고는 (자신의) 안전을 위해 위협으로부터 달아나다/피하다라는 의미를 나타낸다. 양은 버려두고 자신의 안전을 위해 위협으로부터 달아나는 종(삯꾼)의 모습을 표현한다. 종은 자신의 안전을 위해 달아나지만 우리의 주인이신 예수님은 위협으로부터 자신의 안전이 아니라 우리의 안전을 구하신다.

묵상과 적용을 위한 질문

1. 선한 목자되신 예수님은 그의 소유된 백성인 우리를 위협(어려움)에 버려두지 아니하시고 우리를 대신해 몸을 내어 주기까지 지키고 사랑하십니다. 이 사랑이 고통(어려움) 중에 있는 여러분에게는 어떤 의미로 다가오나요?

2. 우리를 대신해 자기 목숨을 내어 주시는 예수님의 사랑을 어떻게 경험하고 계신가요?

나만의 묵상메모

오늘 묵상을 통해 주신 깨달음에 대해 기록해 보세요.

저자와 함께하는 한 줄 기도

자기 양을 대신해 목숨을 버리는 선한 목자의 사랑이 나를 살리는 하루가 되게 하소서.

 기도와 결단

오늘 묵상한 말씀의 적용과 삶의 결단을 담아 자신의 기도를 적어 보세요.

"나는 선한 목자라"(2)
: 서로를 아는 선한 목자와 양

오늘의 본문

10:14   나는 선한 목자라 나는 내 양을 알고 양도 나를 아는 것이[90]

10:15   아버지께서 나를 아시고 내가 아버지를 아는 것 같으니 (그래서)[91] 나는 양을 위하여 목숨을 버리노라

10:16   또 이 우리에 들지 아니한 다른 양들이 내게 있어 내가 인도하여야 할 터이니 그들도 내 음성을 듣고 한 무리가 되어 한 목자에게 있으리라[92]

10:17   내가 내 목숨을 버리는 것은 그것을 내가 다시 얻기 위함이니 이로 말미암아 아버지께서 나를 사랑하시느니라

10:18   이를 내게서 빼앗는 자가 있는 것이 아니라 내가 스스로 버리노라 나는 버릴 권세도 있고 다시 얻을 권세도 있으니 이 계명은 내 아버지에게서 받았노라 하시니라 […]

10:27   내 양은 내 음성을 들으며 나는 그들을 알며 그들은 나를 따르느니라

10:28   내가 그들에게 영생을 주노니 영원히 멸망하지 아니할 것이요 또 그들을 내 손에서 빼앗을[93] 자가 없느니라

10:29   그들을 주신 내 아버지는 만물보다 크시매 아무도 아버지 손에서 빼앗을 수 없느니라

10:30   나와 아버지는 하나이니라 하신대

저자 해설 및 묵상

　도대체 선한 목자는 그가 소유한 양을 얼마나 소중하게 여기기에 동물인 양을 대신해 목숨을 버릴 수 있는 것일까요? 선한 목자는 얼마나 양을 사랑하기에 양을 대신해 자기 목숨을 내어줄 수 있는 것일까요? 선한 목자와 양은 어떤 관계를 맺고 있는 것일까요? 예수님은 "나는 내 양을 알고 양도 나를 안다"라고 답하시며, 그래서 "나는 양을 대신해 목숨을 버린다"라고 말씀하십니다. 목자와 그의 양이 서로를 아는 관계에 있으므로 목자가 양을 대신해 죽는다고 설명하십니다. 선한 목자는 예수님을 묘사하고 양은 그를 믿고 따르는 제자들을 묘사합니다. 즉, 예수님이 그의 백성을 대신해 십자가에서 죽으시는 것이 예수님과 그의 소유된 백성이 서로를 아는 관계에 있기 때문이라는 것입니다. 선한 목자와 양이 서로를 안다는 것, 즉 예수님과 그를 믿고 따르는 자들이 서로를 안다는 것이 무엇이기에 이 엄청난 사랑을 가능하게 한 것일까요?

　예수님은 분명한 답을 주십니다. 선한 목자이신 예수님과 그의 양이 서로를 아는 것은 마치 "아버지께서 나를 아시고 내가 아버지를 아는 것 같으니"라고 하십니다(요10:15). 그래서 "양을 대신해 목숨을 버린다"라고 하십니다. 선한 목자와 양, 즉 예수님과 그의 제자들이 서로 안다는 것은 아버지 하나님과 아들 예수님이 서로를 아는 밀접한 관계와 같은 것입니다. 하나님 아버지와 아들 예수님은 몸과 마음과 뜻까지 하나로 연합된 관계입니다(요5:30, 6:38, 8:28-29, 10:30, 15:10). 그럴 뿐만 아니라 서로를 아는 아버지와 아들의 관계는 다양하게 설명할 수 있습니다. 부자지간에 존재하는 뗄 수 없는 피로 맺어진 관계, 부모와 자식 간의 피 끓는 사랑의 관계, 오랜 시간을 함께 지내며 쌓아온 아주 두터운 인격적 관계, 서로서로 눈빛만 봐도 무엇을 생각하는지 혹은 무엇을 원하는지를 훤히 아는 친밀한 관계 등으로 설명할 수 있습니다. 이는 예수님이 말씀하시듯 "아버지께서 내 안에 계시고 내가 아버지 안에 있는" 완전히 하나로 연합된 관계입니다(요8:16, 10:38). 무엇보다 이 관계는 아버지의 뜻이 아들의 뜻이 되고 아들의 뜻이 아버지의 뜻이 되는 관계입니다. 아들 예수님은 무엇이든 그의 뜻대로 하지 아니하고 아버지의 뜻대로 행합니다. 그는 아버지의 계명(뜻)을 지킴으로써 아버지의 사랑 안에 거합니다.

　하나님과 예수님이 서로를 아는 방식처럼 선한 목자와 양, 즉 예수님과 그의 자녀(제자)들도 서로를 압니다. 하나님과 예수님이 서로를 안다는 것이 아버지와 아들로서 하나 된 관계를 나타내는 것처럼, 목자(예수님)와 양(제자)이 서로를 아는 것도 아버지와 아들처럼 하나로 연합한 관계를 표현합니다. 선한 목자이신 예수님은 그를 따르는 제자들을 아들/딸로 알고 제자들도 예수님을 생명을 주는 아버지로 압니다. 예수님과 그의 제자들은 아버지와 자녀의 관계를 맺으며 사랑을 나눕니다. 예수님과 제자들은 마음과 뜻과 영혼이 온전히 하나로 연합된 관계 안에서 서로를 사랑하며 살아갑니다. 무엇보다 예수님을 따르는 제자들은 아들 예수님이 아버지 하나님의 뜻을 자기 뜻으로 여기고 순종하셨듯이 예수님의 뜻을 자기의 뜻으로 여기며 실천합니다. 예수님은 이 온전한 연합과 사랑으로 인해 자기 양(자녀)들을 대신해 죽으십니다.

선한(숭고한) 목자이신 예수님은 아버지가 주신 계명대로 그가 아는 양(제자)들을 대신해 스스로 죽으십니다(요10:18). 로마 병사들이 그들의 힘으로 예수님을 붙잡아 십자가에 달아 죽이는 것처럼 보입니다. 하지만, 세상을 창조하는 힘을 가지신 예수님은 그 힘으로 저항하지 않으셨습니다. 억지로 생명을 빼앗기는 것이 아닙니다. 그가 의지하여 그의 양들을 대신해 목숨을 버리는 것입니다. 이는 소유한 양들을 향한 숭고한 목자의 완전한 사랑입니다. 이 모든 것은 하나님의 계획입니다. 하나님은 우리를 사랑하시기에 그의 아들 예수님을 대신 죽여 우리를 살리려 하십니다. 그리고 예수님은 하나님을 사랑하고 우리를 사랑하기에 아버지의 뜻에 따라 스스로 죽어 우리를 살리십니다. 하나님, 예수님, 그리고 우리는 서로를 알고 서로를 향해 목숨을 버리는 삼중 사랑으로 단단히 묶여 있습니다.

마지막으로 예수님은 그를 알고 그도 예수님을 아는 사람들은 영원히 멸망하지 아니한다고 말씀하십니다. 아무도 그들을 예수님 손에서 빼앗을 자가 없습니다. 또한, 아무도 그들을 하나님 아버지 손에서 빼앗을 자가 없습니다(요10:28-29). 하나님과 예수님과 그의 제자(자녀)들이 서로를 알고 사랑하는 이 연합은 세상 어떤 힘도 깨뜨릴 수 없습니다. 하나님이 만물보다 크시고 자녀들을 향한 하나님과 예수님의 사랑을 이길 더 큰 힘이 세상에 없기 때문입니다. 성탄절은 이 목숨을 내어주는 예수님의 사랑이 세상에 임하는 날입니다. 이 사랑을 묵상하고 안식을 얻으며 감사와 기쁨으로 예배하는 성탄절이 되길 기도합니다.

90 14절에 "알고"와 "아는 것이"라고 번역된 헬라어 기노스코는 '~를 인식하다', '~를 이해하다', '(오감으로) 알아차리다', '지식이나 통찰을 얻다'라는 의미이다. 표면적인 인식을 넘어서는 개념 이해나 의미나 의중의 인식을 나타낸다. 또한, 서로 아는 사람 사이의 인격적이고 참된 관계를 나타낸다. 예수님과 양이(우리가) 서로를 안다는 것은 하나님과 예수님이 서로를 아는 것과 같다고 하신다(요10:15). 이는 서로를 위해 죽을 수 있는 하나 된 관계를 나타낸다(요10:30).

91 한글 성경에 번역되지는 않았지만, 원어 성경에는 문맥에 따라 "그리고", "그래서" 등을 의미할 수 있는 헬라어 접속사 카이가 두 문장을 연결한다. 이는 목자이신 예수님이 가축인 양을 대신해 목숨을 버릴 수 있는 이유가 둘이 서로를 아는 관계에 있음을 알려준다. 이 둘 사이의 아는 관계는 하나님 아버지와 아들 예수님이 서로를 아는 관계와 같다. 아버지 하나님과 아들 예수님은 하나이다(삼위일체; 요10:30). 둘은 서로 떨어져서 존재할 수 없고 서로를 위해 목숨을 내어주는 관계에 있다. 일반적인 아버지와 아들의 관계도 서로를 위해 죽을 수 있는 관계인 것과 다르지 않다. 하나님과 예수님이 하나인 것과 같은 관계를 예수님과 양도 맺고 있기 때문에 예수님은 양을 대신해 죽을 수 있다고 하신다. 하나님과 예수님이 하나인 것처럼 예수님과 그의 자녀(양)들도 하나이다. 예수님은 우리를 아시고 우리를 위해 죽으신다. 우리는 그를 알고 그를 위해 죽을 수 있는가?

92 예수님은 이사야 56장을 인용하시며 그와 함께 하는 제자들 뿐만아니라 그가 인도하여야 할 다른 양들도 있다고 하신다. 그 양들은 여호와께 연합하는 이방인 신자들을 의미한다(사56:3-8). 예수님은 온 세상에 흩어져 있는 그의 아는 양(자녀)을 대신해 죽으러 오신 온 세상의 구원자(그리스도)이시다.

93 10:28, 29에 "빼앗을"이라고 번역된 하르파조는 '낚아채다', '빼앗다', '앗아가다'를 의미한다. 이 단어는 '야수가 먹이를 낚아채다', '사냥하다'라는 의미를 기본 뜻으로 한다. 야생의 포식자가 강력한 힘으로 먹이를 사냥해 잡아채 가는 모습을 생각하면 된다. 이 단어는 요10:12에서 이리가 양을 '물어 가고'라 번역되어 나타난다. 요10:12에서 예수님은 자신의 양들을 버리지 아니하고 이리가 물어가도록 허락하지 않으실 것임을 말씀하신다. 요10:28-29에서도 이리와 같은 세상의 어떤 악한 죽음의 세력이라도 그의 손에 있는 양들을 결코 물어갈 수(빼앗아 갈 수) 없음을 선포하신다. 그 무엇이라도 예수님이 그의 양들에게 베푸신 영원한 생명을 그들로부터 결코 낚아챌(빼앗아) 갈 수 없다.

묵상과 적용을 위한 질문

1. 선한 목자되신 예수님이 우리를 알고 우리도 그를 아는 온전한 연합의 관계를 어떻게 지켜가고 있나요? 여러분이 삶에서 구체적으로 순종하는 예수님의 뜻은 무엇인가요?

2. 예수님께서 "목자의 음성을 알고 그를 따라가는 양을 그의 손에서 결코 빼앗기지 아니하겠다"고 말씀하신 약속을 실제로 경험한 적이 있나요?

나만의 묵상 메모

오늘 묵상을 통해 주신 깨달음에 대해 기록해 보세요.

저자와 함께하는 한 줄 기도

주를 알고 주의 음성을 듣고 따르는 우리를 위험에서 지키시며 끝까지 사랑하여 주옵소서.

 기도와 결단

오늘 묵상한 말씀의 적용과 삶의 결단을 담아 자신의 기도를 적어보세요.

Day 20

"나는 부활이요 생명이니"(1)
: 더 큰 영광과 더 큰 믿음을 위한 더 큰 고통

오늘의 본문

11:1 어떤 병자가 있으니 이는 마리아와 그 자매 마르다의 마을 베다니에 사는 나사로라

11:2 이 마리아는 향유를 주께 붓고 머리털로 주의 발을 닦던 자요 병든 나사로는 그의 오라버니더라

11:3 이에 그 누이들이 예수께 사람을 보내어 이르되 주여 보시옵소서 사랑하시는[94] 자가 병들었나이다 하니

11:4 예수께서 들으시고 이르시되 이 병은 죽을 병이 아니라 하나님의 영광을 위함이요 하나님의 아들이 이로 말미암아 영광을 받게 하려 함이라[95] 하시더라

11:5 예수께서 본래 마르다와 그 동생과 나사로를 사랑하시더니[96]

11:6 나사로가 병들었다 함을 들으시고 그 계시던 곳에 이틀을 더 유하시고

11:7 그 후에 제자들에게 이르시되 유대로 다시 가자 하시니

11:8 제자들이 말하되 랍비여 방금도 유대인들이 돌로 치려 하였는데 또 그리로 가시려 하나이까

11:9 예수께서 대답하시되 낮이 열두 시간이 아니냐 사람이 낮에 다니면 이 세상의 빛을 보므로 실족하지 아니하고

11:10 밤에 다니면 빛이 그 사람 안에 없는 고로 실족하느니라

11:11 이 말씀을 하신 후에 또 이르시되 우리 친구 나사로가 잠들었도다 그러나 내가 깨우러 가노라

11:12	제자들이 이르되 주여 잠들었으면 낫겠나이다 하더라
11:13	예수는 그의 죽음을 가리켜 말씀하신 것이나 그들은 잠들어 쉬는 것을 가리켜 말씀하심인 줄 생각하는지라
11:14	이에 예수께서 밝히 이르시되 나사로가 죽었느니라
11:15	내가 거기 있지 아니한 것을 너희를 위하여 기뻐하노니 이는 너희로 믿게 하려 함이라 그러나 그에게로 가자 하시니
11:16	디두모라고도 하는 도마가 다른 제자들에게 말하되 우리도 주와 함께 죽으러 가자 하니라
11:17	예수께서 와서 보시니 나사로가 무덤에 있은지 이미 나흘이라
11:18	베다니는 예루살렘에서 가깝기가 한 오 리쯤 되매
11:19	많은 유대인이 마르다와 마리아에게 그 오라비의 일로 위문하러 왔더니
11:20	마르다는 예수께서 오신다는 말을 듣고 곧 나가 맞이하되 마리아는 집에 앉았더라
11:21	마르다가 예수께 여짜오되 주께서 여기 계셨더라면 내 오라버니가 죽지 아니하였겠나이다
11:22	그러나 나는 이제라도 주께서 무엇이든지 하나님께 구하시는 것을 하나님이 주실 줄을 아나이다
11:23	예수께서 이르시되 네 오라비가 다시 살아나리라[97]
11:24	마르다가 이르되 마지막 날 부활 때에는 다시 살아날 줄을 내가 아나이다
11:25	예수께서 이르시되 나는 부활이요 생명이니 나를 믿는 자는 죽어도 살겠고
11:26	무릇 살아서 나를 믿는 자는 영원히 죽지 아니하리니 이것을 네가 믿느냐
11:27	이르되 주여 그러하외다 주는 그리스도시요 세상에 오시는 하나님의 아들이신 줄 내가 믿나이다

저자 해설 및 묵상

예수님은 태초에 계신 말씀이시며 하나님과 함께 만물을 창조하신 분이십니다. 타락 이후 그는 죽음의 어둠 속에 사는 세상(사람)에 오시어 다시 한번 생명의 빛을 비추십니다 (요 1:1-5). 예수님은 나는 생명의 떡이라, 나는 세상의 빛이라, 나는 양의 문이라, 나는 선한 목자라고 선포하십니다. 각각의 표현들은 죄인의 구원을 위한 그리스도의 대속 제물 되심, 죄와 죽음을 말씀으로 밝히심, 양을 대신해 자기 몸(목숨)을 대신 희생하심 등을 묘사합니다. 또한, 예수님은 여러 표적/이적들을 행하시며 이 선포들을 증명해 보이십니다. 그리고 결정적으로 예수님은 "나는 부활이요 생명이다"라고 선포하십니다. 앞서 말씀하신 생명의 떡, 세상의 빛, 양의 문, 선한 목자라는 표현은 궁극적으로 예수님이 부활이요 생명임을 묘사합니다. 특히, 예수님은 죽은 나사로를 일으키기 직전에 "나는 부활이요 생명이다"라고 선포하신 후에 죽은 나사로를 일으키시며 그가 진실로 죽은 사람을 부활하게 하며 영생을 주시는 분이심을 보여 주십니다.

예수님은 사망의 그늘에서 죽음의 노예가 되어 살아가는 세상(사람) 누구라도 그를 알고 믿어 부활과 생명을 얻기를 원하십니다. 이를 위해 어떤 위험도 그리고 죽음까지도 감수하십니다. 예수님은 죽은 나사로를 살리기 위해 그를 돌로 쳐 죽이려 하는 유대 땅에 다시 들어가십니다. 사랑하는 나사로를 살리기 위해 그의 목숨은 중요하지 않았습니다. "우리도 주와 함께 죽으러 가자"라는 도마의 말이 이를 분명히 보여줍니다. 사랑하는 나사로를 살리기 위해 죽음을 감수하시는 예수님의 모습은 세상(사람)을 살리기 위해 자기 몸(목숨)을 생명의 떡으로 내어 주시는 모습과 닮아 있습니다. 또한, 선한 목자로서 자기 양을 대신해 목숨을 버려 그들을 살리는 모습과도 닮아 있습니다. 무엇보다 예수님께서 사랑하는 나사로를 다시 살리기 위해 죽음을 각오하고 유대로 향하시는 모습은, 십자가에 달려 죽으실 것을 알면서도 세상(사람)을 구원하기 위해 이 땅에 오시는 모습과도 닮아 있습니다. 예수 그리스도의 삶은 언제나 자기의 생명을 내어주고 다른 이의 생명을 구하는 것이었습니다.

예수님이 나사로를 다시 살리시는 이야기가 전개되면서 본문이 의도적으로 드러내는 것 하나가 있습니다. 예수님이 나사로의 병을 서둘러 고치지 않으신다는 것입니다. 예수님은 나사로가 병들었음을 들으셨음에도 불구하고 이는 죽을병이 아니라고 말씀하십니다. 그리고 계시던 곳에 이틀을 더 유하십니다. 그러나 이틀 후 예수님은 나사로가 죽었느니라 밝히 이르시고 죽은 나사로에게 향하십니다. 예수님은 "내가 베다니에 있지 아니한 것을 너희를 위하여 기뻐한다"고 말씀하시며 나사로의 죽음을 막지 않은 것이 제자들을 위함 임을 암시합니다. 즉, 예수님이 제자들을 위한 어떤 의도를 가지고 병든 나사로의 죽음을 막지 아니하시고 그가 죽은 후에 베다니에 가시는 것입니다. 그 의도는 무엇일까요? 예수님이 밝히 이르시듯 그 의도는 그들이 믿게 하려는 것입니다(요11:15, 42). 무엇을 믿게 하려는 것일까요? 예수님께서 나사로를 살리시기 전에 선포하시듯 "나는 부활이요 생명이니 나를 믿는 자는 죽어도 살겠고 무릇 살아서 나를 믿는 자는 영원히 죽지 아니하리리"(요11:25-26)라는 것을 믿게 하기 위함입니다.

　예수님은 그가 사랑하는 나사로가 죽는 것을 세상 그 누구 보다 원하지 않으셨을 것입니다. 하지만, 예수님은 다분히 의도적으로 병든 나사로가 죽은 후에 베다니에 오시어 "나는 부활이요 생명이다"라고 선포하십니다. 그리고 그가 다시 살아나리라 말씀하십니다. 예수님은 병든 나사로를 치유하지 않으시고 더 큰 죽음의 아픔을 경험하게 하셨지만, 이는 죽은 사람이 일어나는 더 큰 이적, 더 큰 믿음, 더 큰 영광을 위한 의도적인 것이었습니다(요11:4). 예수님은 세상에서 가장 큰 슬픔과 고통이라고 할 수 있는 죽은 자를 일으키시는 가장 큰 이적을 베푸시어 그가 죽은 사람을 다시 살리며 세상에 생명을 주시는 그리스도임을 사람들로 믿게 하십니다(요10:38, 11:15, 25-26). 이를 통해 그를 믿는 사람들이 병 고침을 넘어서는 죽음의 고통과 슬픔에서 해방되고 영원한 생명을 얻게 되는 큰 영광을 얻을 것을 확실히 보이십니다.

　우리가 당하고 있는 끝이 보이지 않는 것 같고 더욱 커져만 가는 고통과 슬픔도 같은 이유로 존재합니다. 부활이요 생명이신 예수님을 믿게 하고 하나님의 영광을 보여주기 위한 것입니다. 그러니 인내하십시오. 죽은 나사로를 살리시어 더 큰 고통을 더 큰 기쁨으로 바꾸신 예수님이 우리의 모든 고난과 고통도 완전한 기쁨과 찬송으로 바꾸실 것입니다. 예수님이 세상에서 보여주신 이 큰 일과 영광을 기억하며 성탄의 의미를 되새기고 그에 합당한 찬양과 경배를 드릴 수 있기를 바랍니다.

94 "사랑하시는"이라 번역된 헬라어 단어는 "사랑하다"라는 의미의 필레오이다. 더 직접적으로 표현된 사랑과 관심을 의미한다. "애정을 듬뿍 쏟다/표현하다"로 이해하면 맞을 듯하다. 요11:5에 "(마르다와 그 동생과 나사로를) 사랑하시더니"라 번역된 헬라어 아가파오와 동의어이다. 요한복음에서 필레오와 아가파오는 큰 의미의 차이 없이 사용된다. 명사형은 필로스이다. 필로스는 11:11에서 "친구"라 번역된다. 한글 성경에 필로스는 주로 "친구"라 번역되어 나타난다. 하지만, 명사형 필로스는 기본적으로 "사랑하는 자", "사랑과 애정을 듬뿍 받는 자", "사랑하는 동료", "가족이나 형제자매처럼 사랑하는 사람"을 의미한다. 예수님은 필레오, 필로스, 아가파오를 교차적으로 사용하며 그가 나사로를 친형제처럼 사랑하고 그에게 많은 애정을 쏟으셨음을 반복해 말씀하신다. 예수님은 그가 가족처럼 사랑하는 사람을 고통과 죽음 가운데 버려두지 않으신다. 그렇기 때문에 예수님은 병들어 죽은 나사로를 다시 일으키신다.

95 "영광을 받게 하려 함이라"라고 번역된 단어는 헬라어 독사조이다. 이는 '누군가를 중요하게 만들다', '누군가를 명예, 존경, 경이로운 자리에 두어 영광을 얻게 하다'라는 뜻이다. 특히, 하나님의 신성과 능력이 나타나는 곳에서 그것을 찬송하고 경이롭게 여긴다는 의미로 사용된다. 오늘 본문에서도 나사로의 병이 하나님의 능력과 신성을 드러내어 하나님과 아들 예수님이 찬송과 경의를 얻게 되는 계기가 될 것임을 나타낸다. 그리고 예수님은 이 병으로 인해 죽은 나사로를 다시 살리시어 찬송과 영광을 얻으신다. 세상에 존재하는 병과 죽음은 고통스러운 것이다. 하지만, 세상에 존재하는 병은 예수님이 그것을 고치시고 받으실 영광을 위한 것이다. 세상에 존재하는 죽음도 예수님이 죽은 사람을 다시 살리시고 받으실 영광을 드러내기 위해 있다. 세상에 존재하는 모든 고통은 그 고통을 바꾸어 온전하게 하시는 하나님의 일과 영광을 위한 것이다. 우리가 이 세상에서 사는 날 동안에 병과 죽음의 문제를 해결받지 못하고 고통 중에 살고 있을지라도, 예수님은 이 세상의 마지막 날에 모두 고치시고 죽은 사람을 일으키심으로써 그의 영광을 드러낼 것이다.

96 '사랑하시더니'라 번역된 헬라어 아가파오는 지적인 요소가 강조된 선택적 사랑을 나타낸다. 상당히 깊고 높은 관심, 고려, 호감, 존경 등의 의미가 담긴 사랑한다는 의미이다. 오늘 본문에서도 예수님께서 마르다와 나사로를 상당히 주의 깊고 관심 있게 보살피며 사랑해 왔다는 사실을 표현한다. 예수님은 자주 마르다와 나사로의 집에 들르셨는데 이런 행동은 예수님이 오랜 시간 이들을 지극히 아끼시고 돌보시며 사랑하였음을 잘 보여준다.

97 '다시 살아나리라'라 번역된 아니스테미는 '일어나다'를 의미한다. '살아나다'라는 의미를 전달하지만 원 뜻대로 '일어나다'라는 이미지를 살려 읽어야 한다. 24, 25절에 명사형인 아나스타시스가 '부활'이라고 번역되어 사용되는데, 이 역시 '일어남'을 의미한다. 이 두 단어는 예수님을 믿고 죽은 사람들이 세상 마지막 날 다시 일어나는 강력한 이미지를 묘사한다.

묵상과 적용을 위한 질문

1. 부활이요 생명이신 예수님의 능력을 경험한 일이 있나요? 예수님께서 여러분 혹은 여러분의 이웃의 고통과 슬픔을 해결하시어 믿음을 더욱 크게 하신 경험이 있나요?

2. 오늘 여러분의 삶에 끝을 알 수 없을 것 같이 커져만 가는 어려움이 있나요? 있다면 그것이 부활이요 생명이신 예수님을 향한 더 큰 믿음과 더 큰 영광을 위한 것임을 믿나요?

 나만의 묵상 메모

오늘 묵상을 통해 주신 깨달음에 대해 기록해 보세요.

저자와 함께하는 한 줄 기도

하나님, 우리가 겪는 고통이 하나님의 영광을 나타내고 주를 향한 더 큰 믿음을 얻게 하는 것이 되게 하옵소서.

 기도와 결단

오늘 묵상한 말씀의 적용과 삶의 결단을 담아 자신의 기도를 적어 보세요.

더 깊은 묵상과 기도(Ⅲ)

더 깊은 묵상을 위한 가이드

 한 주간(지난 6일간) 묵상했던 본문을 독자께서 직접 더 깊이 묵상하고 더 깊은 기도의 자리로 나아가는 시간입니다. 먼저 해당 본문을 천천히 기도하는 마음으로 읽으시고 그 가운데 주님의 인도하심을 따라 더 깊이 있는 말씀 묵상과 기도의 자리로 나아가시기 바랍니다. 다음의 질문들이 묵상과 기도에 도움이 되실 것입니다.

- 지난 한 주간 묵상했던 내용 중 특별히 더 주목하게 되는 부분은 무엇입니까? 지난 한 주간 깨닫지 못 했는데 새롭게 깨닫게 된 부분은 무엇입니까?

- 지난 한 주간 깨달은 내용 중 그간 실천한 것은 무엇입니까? 그렇게 실천하는 과정에서 무엇을 새롭게 경험했습니까?

- 실천하는 과정에서 어려웠던 것은 무엇입니까? 지난 한 주간 깨달은 내용 중 제대로 실천하지 못 했거나 잊어버렸던 것은 무엇입니까?

- 지난 한 주간 깨달은 것과 실천할 수 있었던 것에 대해 주님께 감사의 기도와 찬양을 드리시기 바랍니다. 아직 실천하지 않고 있거나 실천함에 있어 어려움이 있는 것들에 대해서는 힘과 지혜와 용기를 주셔서 실천할 수 있게 해 달라고 주님께 간구하세요.

• 그 외의 묵상 내용과 기도를 자유롭게 적어보세요.

더 깊은 묵상

더 깊은 기도

위의 내용을 활용하셔서 묵상 나눔을 가지시기를 추천합니다. 묵상 나눔은 줌(Zoom)이나 카카오톡 단톡방을 통해 비대면으로 진행하실 수도 있고, 또 방역 수칙을 철저히 준수하면서 대면으로 진행할 수 있습니다.

"나는 부활이요 생명이니"(2)
: 병 고치는 예수님과 죽은 사람을 살리는 예수님

오늘의 본문

11:23 예수께서 이르시되 네 오라비가 다시 살아나리라

11:24 마르다가 이르되 마지막 날 부활 때에는 다시 살아날 줄을 내가 아나이다

11:25 예수께서 이르시되 나는 부활이요 생명이니 나를 믿는 자는 죽어도 살겠고

11:26 무릇 살아서 나를 믿는 자는 영원히 죽지 아니하리니 이것을 네가 믿느냐

11:27 이르되 주여 그러하외다 주는 그리스도시며 세상에 오시는 하나님의 아들이신 줄 내가 믿나이다[98]

11:28 이 말을 하고 돌아가서 가만히 그 자매 마리아를 불러 말하되 선생님이 오셔서 너를 부르신다 하니

11:29 마리아가 이 말을 듣고 급히 일어나 예수께 나아가매

11:30 예수는 아직 마을로 들어오지 아니하시고 마르다가 맞이했던 곳에 그대로 계시더라

11:31 마리아와 함께 집에 있어 위로하던 유대인들은 그가 급히 일어나 나가는 것을 보고 곡하러 무덤에 가는 줄로 생각하고 따라가더니

11:32 마리아가 예수 계신 곳에 가서 뵈옵고 그 발 앞에 엎드리어 이르되 주께서 여기 계셨더라면 내 오라버니가 죽지 아니하였겠나이다 하더라

11:33 예수께서 그가 우는 것과 또 함께 온 유대인들이 우는

	것을 보시고 심령에 비통히 여기시고[99] 불쌍히 여기사[100]
11:34	이르시되 그를 어디 두었느냐 이르되 주여 와서 보옵소서 하니
11:35	예수께서 눈물을 흘리시더라
11:36	이에 유대인들이 말하되 보라 그를 얼마나 사랑하셨는가 하며
11:37	그 중 어떤 이는 말하되 맹인의 눈을 뜨게 한 이 사람이 그 사람은 죽지 않게 할 수 없었더냐 하더라
11:38	이에 예수께서 다시 속으로 비통히 여기시며 무덤에 가시니 무덤이 굴이라 돌로 막았거늘
11:39	예수께서 이르시되 돌을 옮겨 놓으라 하시니 그 죽은 자의 누이 마르다가 이르되 주여 죽은 지가 나흘이 되었으매 벌써 냄새가 나나이다.
11:40	예수께서 이르시되 내 말이 네가 믿으면 하나님의 영광을 보리라 하지 아니하였느냐 하시니
11:41	돌을 옮겨 놓으니 예수께서 눈을 들어 우러러 보시고 이르시되 아버지여 내 말을 들으신 것을 감사하나이다
11:42	항상 내 말을 들으시는 줄을 내가 알았나이다 그러나 이 말씀 하옵는 것은 둘러선 무리를 위함이니 곧 아버지께서 나를 보내신 것을 그들로 믿게 하려 함이니이다
11:43	이 말씀을 하시고 큰 소리로 나사로야 나오라 부르시니[101]
11:44	죽은 자가 수족을 베로 동인 채로 나오는데 그 얼굴은 수건에 싸였더라 예수께서 이르시되 풀어 놓아 다니게 하라 하시니라

저자 해설 및 묵상

죽은 오라버니 나사로를 인해 슬픔과 고통에 잠긴 마르다에게 예수님은 "네 오라비가 다시 살아나리라"고 말씀하십니다. 그러나 마르다는 "마지막 날 부활 때에는 다시 살아날 줄을 내가 아나이다"라고 대답합니다. 이 대답은 마르다가 예수님을 어떤 분으로 믿고 있었는지를 보여줍니다. 마르다는 예수님이 죽은 나사로를 다시 살리실 수 있을 것이라고는 생각하지도 기대하지도 않았던 것입니다. 이미 마르다는 앞선 요11:21에서 모든 것을 포기한 듯 "주께서 여기 계셨더라면 내 오라버니가 죽지 아니하였겠나이다"라고 말하였습니다. 이 역시 마르다가 예수님이 나사로가 죽기 전에 오시어 그의 병을 고치어 죽지 않게 할 수는 있었겠지만 이미 죽은 나사로를 지금 다시 살릴 수는 없을 것으로 생각했음을 보여줍니다. 마르다가 이 순간까지 경험하여 알고 믿은 예수님은 병을 고치는 능력 정도를 가진 메시아였던 것입니다.

이는 마리아도 마찬가지였습니다. 마리아도 마르다처럼 "주께서 여기 계셨더라면 내 오라버니가 죽지 아니하였겠나이다(요11:32)"라고 모든 상황을 체념한 듯 말합니다. 예수님이 나사로가 죽기 전에 그의 병을 고쳐 죽지 않게 할 수는 있었겠지만 죽은 그를 다시 살릴 수 있을 것이라고는 생각하지 않았음을 보여줍니다. 마르다와 마리아를 위로하러 온 조문객들도 같은 생각을 가지고 있었습니다. 그들은 나사로의 죽음에 눈물을 흘리시는 예수님을 보고 "맹인의 눈을 뜨게 한

이 사람이 나사로를 죽지 않게 할 수 없었더냐"라고 말하며 조롱합니다. 나사로가 죽기 전에 미리 와서 병을 고쳐 주지 않고 죽게 내버려 둔 무능한 자라고 비방하는 것입니다 (요11:37). 이러한 반응 역시 사람들이 예수님을 맹인의 눈을 띄우고 병든 자를 고칠 수는 있어도 죽은 사람을 살릴 수 있는 분이라고는 전혀 생각하지 못하고 있음을 드러냅니다.

이런 상황에서 예수님은 다시 한번 마르다에게 "나는 부활이요 생명이니 나를 믿는 자는 죽어도 살겠고 무릇 살아서 나를 믿는 자는 영원히 죽지 아니하리니 네가 이것을 믿느냐?"라고 말씀하십니다(요11:25-26). 마르다는 예수님을 그리스도시요 하나님의 아들이라 믿는다고 고백합니다. 하지만, 그녀는 예수님이 죽은 나사로를 다시 일으키기 직전까지도 예수님이 죽은 사람을 다시 일으킬 수 있는 분이라는 것을 믿지 않았습니다. 이는 예수님이 죽은 나사로를 일으키기 위해 무덤을 막고 있는 돌을 옮겨 놓으라고 하실 때, 마르다가 죽은 지가 나흘이 지나 벌써 냄새가 난다며 예수님을 막아서는 모습에서 잘 드러납니다. 마르다는 나사로가 다시 살아나리라는 예수님의 말씀을 믿지 않고 있었기에 그를 막아섰던 것입니다. 예수님은 다시 한번 마르다에게 "네가 믿으면 하나님의 영광을 보리라 하지 아니하였느냐" 하시며 그녀의 믿음 없음을 채근하십니다(요11:40). 이렇듯 오늘 본문은 마르다를 비롯한 사람들이 예수님이 죽은 사람을 살리시는 분이라는 것을 생각하지도 못했고 기대하지도 않았으며 믿지도 못했음을 의도적으로 드러내어 기록하고 있습니다.

그러나 예수님은 그가 부활이요 생명이며 아버지께서 보내신 그리스도임을 그를 둘러싼 무리들이 믿게 하려 한다고 말씀하시며 "큰 소리로 나사로야 나오라"(요11:43)고 크게 외치십니다. 그러자 나사로가 무덤에서 걸어 나와 얼굴을 감쌌던 수건을 벗고 모든 사람이 보는 앞에서 돌아다닙니다. 이는 예수님에 대한 사람들의 제한적 생각과 믿음을 완전히 깨뜨리는 놀라운 사건입니다. 죽음과 어둠으로 가득한 무덤을 생명의 빛으로 밝히 비추시는 놀라운 사건입니다. 많은 사람들이 이 사건을 통해 예수님을 부활이요 생명이신 그리스도로 믿게 되었습니다(요11:42). 죽음의 어둠으로 가득한 무덤은 죽음의 어둠으로 가득한 이 세상의 미니어처 같습니다. 예수님은 이 이적을 통해 자신을 무덤과 같이 죽음과 어둠이 가득한 온 세상을 생명의 빛으로 밝히시고 다시 살게 하시는 메시아이심을 상징적으로 보여주십니다.

여러분이 생각하는 예수 그리스도는 어떤 분이신가요? 오늘 본문은 예수님을 따르는 사람들이 그를 죽음을 막고 치유하는 존재 정도로 생각하고 있음을 의도적으로 드러냅니다. 예수님은 제자들의 이러한 생각과 믿음의 한계를 아시고 의도적으로 병든 나사로의 죽음을 막지 아니하시고 그가 죽은 후에 다시 살리십니다. 이를 통해 사람들의 생각과 믿음의 한계를 드러내어 깨뜨리고 그가 부활이요 생명이며 하나님이 보내신 구원자(그리스도)이심을 선명하게 나타내고 믿을 수 있게 만드십니다. 예수님은 세상과 그 안의 생명을 창조하신 하나님이시며 죽은 사람을 다시 살리시는 하나님이십니다. 그는 죽음으로 인한 세상(사람)의 고통과 슬픔을 관망하시는 분이 아니라 함께 울고 아파하시는 분이십니다(요11:35). 무엇보다 죽은 자를 일으키어 죽음의 고통과 슬픔을 완전히 없애시고 기쁨과 평안을 영원토록 베푸시는 참된 구원자이십니다. 이 구원자가 세상에 오십니다. 그를 기쁨으로 영접하시길 바랍니다.

98 "믿나이다"라고 번역된 헬라어 피스튜오는 '설득되다', '의존하다', '신뢰하다', '믿다', '확신하다'라는 의미이다. 완전히 확신하여 예수님을 인정하는 것, 예수님께 자신을 복종시키는 관계를 맺는 것, 완전한 확신과 흔들리지 않는 자신감으로 예수님을 인정하는 것을 의미한다. 본문에서는 완료 시제로 사용된다. 헬라어 완료 시제는 과거의 한 시점으로부터 시작되어 현재까지 이어지는 행위를 나타낸다. 마르다는 완료 시제를 사용해 자신이 과거로부터 지금까지 예수님을 하나님의 아들이요 그리스도로 믿고 있다고 강조해 말한다. 마르다는 자기의 믿음을 강조하기 위해 "내가"라 번역된 강조의 일인칭 대명사 에고를 사용하기도 한다. 하지만, 마르다가 강한 어조로 과거부터 지금까지 믿고 있다고 고백하는 예수님은 죽은 자를 살리는 그리스도가 아니요 병을 고치는 정도의 이적을 베푸는 그리스도이다. 나사로가 다시 살리라는 예수님의 말에 마르다는 마지막 날 사람들이 부활할 때에 나사로가 일어날 것이라고 말하며 그녀의 제한적인 믿음의 실체를 드러낸다(요 11:24). 또한, 나사로를 살리려는 예수님을 무덤 앞에서 막아서는 마르다의 행동도 그녀의 제한적인 믿음을 드러낸다. 예수님은 네가 믿으면 하나님의 영광을 보리라고 하지 않았느냐라고 말씀하시며 마르다의 제한적인 믿음을 채근하신다(요11:39-40). 그러나, 이 마르다의 제한적인 믿음의 고백은 예수님이 죽은 나사로를 다시 일으키시며 만드시는 극적 반전의 기반이 된다.

99 "비통히 여기시며"라고 번역된 헬라어 엠브리마오마이는 말이나 사람이 경멸·화·놀람 등으로 코를 세게 풀어대는 모습을 나타낸다. 어떤 이유로 사람이나 말이 놀라 화를 내거나 흥분해 코를 흥흥거리며 날뛰는 모습을 생각하면 된다. 이를 기본으로 '마음 깊이 고통스러워하다', '누군가에게 혹은 어떤 부당한 행위에 분노하다/분개하다'를 의미한다. 더불어 '몹시 비난하다', '질책하다'라는 의미 또한 전달한다. (막1:43)에는 "엄히 경고하사"로 막14:5에는 "책망하는지라"로 번역되어 나타난다) 오늘 본문에서 예수님은 나사로의 죽음으로 인해 슬퍼 우는 사람들을 보신다. 그리고 당신도 나사로의 죽음에 눈물을 흘리신다. 엠브리마오마이는 이런 슬픔과 고통과 불행을 야기한 죽음에 예수님이 분노와 화를 가지고 죽음을 몹시 책망·비난하는 모습을 묘사한다. 예수님은 분노에 머무르지 아니하시고 그 죽음을 심판하사 물리치시고 나사로를 다시 살리신다.

100 "불쌍히 여기사"라고 번역된 타라소는 물이나 마음을 '휘젓다', '뒤섞다', '뒤흔들다', '(여러 가지 감정으로) 뒤섞여 요동치다' 등을 의미한다. 고인 물이나 그릇 안의 물을 마구 흔들거나 막대기로 휘저어 고요함 혹은 평안함이 깨어지고 요동치는 모습을 나타낸다. 본문에서도 나사로의 죽음에 예수님의 마음이 여러 가지 감정들로 요동치며 뒤흔들리는 괴롭고 격정적인 상태를 표현한다. 눈물을 흘리시는 예수님의 모습과 연결되어 그가 나사로의 죽음을 얼마나 슬퍼하시고 아파하셨는지 보여준다. 하나님이신 예수님은 우리의 고난과 고통을 원하지 않으시며 함께 슬퍼하시고 아파하신다.

101 "부르시니"라고 번역된 크라우가조는 '고함을 치다', '절규를 외치다', '큰 소리를 내다'라는 뜻이다. 본문에서 이 단어는 예수님이 단순히 나사로를 부르신 것이 아니라 큰 소리로 절규하듯 '나사로야 나오라'라고 말씀하셨음을 드러낸다. 예를 들어, 마15:22에 가나안 여인이 자신의 딸을 치유해 달라고 예수님께 절규하듯 '소리 지르는 모습을 묘사한다. 요19:6에는 예수님을 못 박으라 외쳐대는 유대인들을 묘사한다. 이 두 예는 예수님이 절규하듯 강력한 목소리로 나사로야 나오라고 외치고 있음을 알려준다. 더군다나 저자 요한은 크라우가조에 이어 "큰 소리로"라고 번역된 푸네 에살레를 함께 사용해 예수님이 정말 큰 음성으로 죽은 나사로를 향해 혹은 죽음을 향해 아주 강하게 선포하듯 외치고 있음을 나타낸다. 이를 직역하면 "큰 소리로 나사로야 나오라 크게 외치신다"이다.

묵│상│과│적│용│을│위│한│질│문

1. 나사로의 죽음을 막지 아니하시고 죽은 나사로를 살리심으로 자신을 부활이요 생명으로 계시하시는 예수님의 표적이 오늘 당신에게는 어떤 의미로 다가오나요?

2. 혹시 여러분이 겪었거나 겪고 있는 죽음의 아픔과 고통으로 인해 하나님을 원망하신 적이 있나요? 만약 그렇다면 오늘 나사로의 죽음에 비통해하시고 우시며 크게 마음 아파하시는 예수님의 모습은 어떻게 다가오나요?

 나│만│의│묵│상│메│모

오늘 묵상을 통해 주신 깨달음에 대해 기록해 보세요.

저자와 함께하는 한 줄 기도

세상에서 가장 큰 고통이자 아픔인 죽음을 생명으로 바꾸시는 예수님을 믿고 참 자유를 누리게 하옵소서.

기도와 결단

오늘 묵상한 말씀의 적용과 삶의 결단을 담아 자신의 기도를 적어 보세요.

23 Day
"내가 곧 길이요 진리요 생명이니"
: 따뜻하고 풍성한 아버지 집에 이르는 길

오늘의 본문

14:1 너희는 마음에[102] 근심하지[103] 말라 하나님을 믿으니 또 나를 믿으라

14:2 내 아버지 집에 거할 곳이 많도다 그렇지 않으면 너희에게 일렀으리라 내가 너희를 위하여 거처를 예비하러 가노니

14:3 가서 너희를 위하여 거처를 예비하면 내가 다시 와서 너희를 내게로 영접하여[104] 나 있는 곳에 너희도 있게 하리라

14:4 내가 어디로 가는지 그 길을 너희가 아느니라[105]

14:5 도마가 이르되 주여 주께서 어디로 가시는지 우리가 알지 못하거늘 그 길을 어찌 알겠사옵나이까

14:6 예수께서 이르시되 내가 곧 길이요 진리요 생명이니 나로 말미암지 않고는 아버지께로 올 자가 없느니라

저자 해설 및 묵상

많은 유대인들이 죽은 나사로를 살리며 그가 부활이요 생명이심을 확정해 보여주신 예수님을 믿게 되었습니다. 하지만, 그로 인해 유대 지도자들은 본격적으로 그를 죽이려 합니다. 예수님도 이제는 자기가 세상을 떠나 아버지께로 돌아갈 때가 이른 줄 아십니다(요13:1). 그가 십자가에 죽고 땅에서 들려 영광을 얻을 때가 이른 줄 아십니다. 세

상을 떠나 아버지께로 돌아가려니 그의 마음은 세상에 남겨질 제자들을 향한 안타까움과 다 표현하지 못한 남은 사랑으로 가득 차는 것 같습니다(요 14:18참고). 예수님은 제자들과 함께 유월절 만찬을 드십니다(요한복음 13장). 제자들을 향한 끝없는 사랑을 표현하기 위해 그들의 발을 씻기십니다(요13:1). 그리고 선생님이 본을 보인 것처럼 서로 발을 씻어 주고 (싸우지 말고) 사랑하라 가르치십니다. 그 와중에 예수님은 가룟 유다가 자신을 팔 아넘길 것임을 말씀하시고, 베드로는 예수님을 세 번이나 부인할 것이라고 예언하십니다. 엄청난 일들이 그들을 기다리고 있습니다. 예수님은 이제 곧 잡혀가 십자가에 달려 죽임당할 것이고, 제자들은 두렵고 놀라 예수님을 배신하고 도망칠 것입니다.

　이런 상황을 앞에 두고 예수님은 제자들의 마음을 살펴 말씀하십니다, "너희는 마음에 근심하지 말라 하나님을 믿으니 또 나를 믿으라(요14:1)." 예수님은 그의 죽음으로 인해 제자들이 겪을 고통과 혼란, 그리고 요동치게 될 그들의 마음을 내다 보십니다. 또한, 핍박에 대한 근심과 염려로 흔들리게 될 제자들의 믿음을 미리 살피시어 너희 마음에 즉, 너희 중심에 불안함을 가지지 말고 "나를 믿으라"고 말씀하십니다. 예수님은 십자가에 달려 죽고 없을 것이지만 그는 여전히 모든 상황을 통제하고 의도하신 계획대로 일을 진행하고 계십니다. 예수님은 잠시 세상을 떠나지만, 제자들이 불안할 이유는 없습니다. "나를 믿으라"는 예수님의 말씀이 제자들 안에 살아 역사하여 모든 상황 속에서 담대할 수 있는 원동력이 됩니다. "나를 믿으라"는 예수님의 말씀은 여러 어려움과 불확실성이 가득한 세상을 살아가는 오늘의 우리에게도 큰 소망과 힘이 됩니다. 모든 상황을 예수님이 통제하고 계시며 그의 계획대로 진행하고 계십니다. 그 계획은 언제나 그의 자녀들을 위한 선한 것입니다. 그러니 근심을 내려놓고 주님의 말씀을 기억하십시오. "나를 믿으라."

십자가 죽음을 앞에 둔 예수님은 계속해서 그의 죽음의 의미와 목적을 제자들에게 설명해 주십니다. 예수님이 십자가에 죽으시는 것은 그가 세상을 떠나 아버지 집에 먼저 가서 제자들을 위한 거처를 준비하기 위함입니다. 그리고 다시 돌아와 그가 있는 하나님 아버지 집에 제자들을 영접하여 함께 살기 위함입니다(요14:2-3). 이 표현은 예수님이 제자들의 죄를 대신해 십자가에 달려 죽으심으로 말미암아 그들에게 구원의 길을 열어주고, 그들이 그 길을 따라 하나님 아버지 집인 하늘나라에 이르러서 그와 함께 영원히 살게 할 것이라는 약속의 말씀입니다. 제자들은 예수님의 죽음으로 인해 믿음이 흔들리고 죽음의 공포 앞에 도망쳐 숨을 것입니다. 하지만, 예수님이 주신 이 약속의 말씀은 십자가 죽음이 담고 있는 소망을 생각하게 합니다. 제자들은 예수님의 죽음으로 불안과 두려움에 휩싸이게 되겠지만 예수님이 미리 가르쳐주신 십자가 죽음의 의미를 되새기며 소망을 가지게 될 것입니다. 또한, 나를 믿으라는 주님의 말씀과 함께 혼란의 시기를 견디며 하늘과 땅의 모든 권세를 가진 예수님을 믿고 두려움 없이 살 것입니다.

이어서 예수님은 "너희는 내가 가는 곳에 이르는 길을 알고 있다"고 말씀하십니다. 그러나 도마는 아직 그 말씀의 의미를 잘 이해하지 못한 채 "주께서 어디로 가시는지 우리가 알지 못하거늘 그 길은 어찌 알겠사옵니이까"라고 되묻습니다. 예수님은 이에 명확하게 답하십니다. "내가 곧 길이요 진리요 생명이니 나로 말미암지 않고는 아버지께로 올 자가 없느니라(요 14:6)." 앞서 말씀하셨듯이 예수님이 가시는 곳은 하나님 아버지 집입니다. 그리고 제자들이 그 아버지 집에 이르는 길은 예수님이 십자가에서 죽으심으로 만드시는 길뿐입니다. 그 길을 제자들도 우리도 알고 있습니다. 우리가 하나님 아버지 집에 이를 수 있는 길도 오직 예수님뿐입니다. 하나님의 아들 예수 그리스도가 우리의 죄를 대신해 죽은 것을 믿고 그를 따르는 것뿐입니다.

잠시 생각을 멈추고 하나님 아버지 집에 이르는 길을 머릿 속에 그려보십시오. 그 길을 따라 걸어가다 보면 천지를 창조하시고 나를 만드신 하나님 아버지와 직접 만날 수 있습니다. 그 길 끝에는 죄가 없고, 죽음이 없고, 눈물이 없는 아버지 집이 있습니다. 그 집에는 자녀를 향한 풍성한 아버지의 사랑과 생명의 기쁨이 가득합니다. 더 이상 바랄 것이 없는 만족감과 평강이 넘쳐흐릅니다. 길이요 진리요 생명이신 예수님을 따라 걷다 보면 어느덧 이 하나님 아버지 집 앞에 이르게 될 것입니다. 예수님과 함께 하루하루 걷다 보면 어느덧 아버지 집에 도착해 있을 것입니다. 우리를 대신해 죽으심으로 하나님 아버지 집에 이르는 길을 만들기 위해 예수님이 탄생하십니다. 나를 믿으라는 예수님의 말씀을 붙들고 담대히 오늘 하루를 그와 함께 살아가십시오.

102 '마음에'라고 번역된 카르디아는 문자적으로 '심장'이라는 뜻이다. 고대 헬라인들은 인간의 영혼과 생명과 삶의 중심인 마음을 몸의 가장 중요한 장기인 '심장'으로 표현했다. 그들은 심장이 인간 몸의 중심에서 생명의 근원인 피를 몸의 모든 부분에 공급하며 생기를 주듯이, 마음이 인간 영혼과 삶의 가장 중심부요 근원이며 모든 생각과 행함의 출발점이 되는 곳으로 이해했다. 현대의 인식론은 사람의 마음과 행위를 구별하지만 1세기 사람들에게 마음과 행위, 혹은 생각과 삶은 서로 분리되지 않은 개념이다. 예를 들어, 마음이나 생각을 바꾼다는 것은 행위와 삶 전체를 바꾼다는 의미이다. 본문(14:1)에서 예수님은 제자들에게 '마음'에 근심하지 말라고 하신다. 이는 마음뿐 아니라 삶의 전 영역에 있어서 요동함 없이 그리고 두려움과 불안 없이 그를 믿으라는 말씀이다.

103 마음에 '근심하지' 말라고 번역된 타라쏘는 '휘젓다'는 뜻이다. 마치 호수나 바닷물을 폭풍으로 휘저어 놓은 듯 요동하는 모습을 나타낸다. '마음을 뒤흔들다', '교란하다', '파란을 일으키다', '고통스럽다', '불안하게 하다' 등을 의미한다. 예수님은 유다의 배신과 자신의 떠나심(죽음)을 인하여 마음과 삶에 혼란스러움을 느낀다거나 괴로워하거나 불안해하지 말라고 명령한다.

104 '영접하여'라고 번역된 헬라어 단어는 파라람바노다. '~곁에', '~옆에'라는 의미의 전치사 파라와 '손으로 잡아 쥐다', '붙잡다', '취하다'라는 뜻을 나타내는 동사 람바노의 합성어이다. 전치사 파라가 동사 람바노의 의미를 더욱 강하게 만들어 '취하여 곁에 두다', '취하여 맡아 두다', '책임지고 받아들이다'라는 의미이다. 본문에서도 이 단어는 예수님이 그의 제자들을 위해 처소를 예비하시고 그곳에 그들을 책임지고 붙들어 데려다 두겠다는 강조의 의미로 사용된다. 예수님은 반드시 다시 돌아 오시어 그를 믿고 따르는 우리를 붙잡아 곁에 두고 하늘 아버지 집에서 함께 살게 하실 것이다.

105 요14:4의 가장 적절한 번역은 "너희는 내가 가는 곳에 가는(이르는) 길을 알고 있다"이다. 14:5의 도마의 물음이 이 번역이 적절하다는 것을 보여준다. 도마는 "주께서 어디로 가시는지 우리가 알지 못하거늘 그 길을 어찌 알겠사옵나이까?"라고 묻는다. 예수님은 내가 가는 곳에 가는 길을 너희가 알고 있다고 하시고 도마는 예수님이 가시는 곳이 어딘 줄도 모르는데 그곳에 이르는 길은 어찌 알겠냐고 되묻는다. 예수님은 요14:6에서 그는 아버지께로 가신다고 말씀하신다. 그리고 제자들이 알고 있다고 하신 아버지에게 이르는 길이 바로 자신임을 선포하신다. 하나님 아버지에게 이르는 길은 오직 예수님뿐이다. 제자들도 우리들도 알고 있다.

📖 묵상과 적용을 위한 질문

1. 여러 어려움으로 인해 믿음이 흔들릴 때 "나를 믿으라"는 예수님의 말씀이 여러분에게 어떤 힘을 줄 수 있을까요?

___

___

2. 하나님 아버지가 계신 집으로 인도하는 길이요 진리요 생명이신 예수님을 믿고 따라간다는 것이 당신의 매일 또는 오늘의 삶에 어떻게 구체화 될 수 있나요?

___

___

📝 나만의 묵상 메모

오늘 묵상을 통해 주신 깨달음에 대해 기록해 보세요.

___

___

___

___

저자와 함께 하는 한 줄 기도

길이요 진리요 생명이신 예수 그리스도를 믿고 그와 함께 아버지 집에 이르는 길을 걷는 하루 되게 하소서.

 기도와 결단

오늘 묵상한 말씀의 적용과 삶의 결단을 담아 자신의 기도를 적어 보세요.

24 Day

"나는 참 포도나무요 내 아버지는 농부라"(1)
: 가지에 생명을 주는 포도나무

오늘의 본문

15:1 나는 참포도나무요 내 아버지는 농부라
15:2 무릇 내게 붙어 있어 열매를 맺지 아니하는 가지는[106] 아버지께서 그것을 제거해 버리시고 무릇 열매를 맺는 가지는 더 열매를 맺게 하려 하여 그것을 깨끗하게 하시느니라[107]
15:3 너희는 내가 일러준 말로 이미 깨끗하여 졌으니
15:4 내 안에 거하라 나도 너희 안에 거하리라[108] 가지가 포도나무에 붙어 있지 아니하면 스스로 열매를 맺을 수 없음 같이 너희도 내 안에 있지 아니하면 그러하리라

저자 해설 및 묵상

　예수님은 자신을 "참 포도나무"로 비유하십니다. "참"이라 번역된 알레띠노스는 '진실에 기반한', '진짜의', '허구가 아닌 사실의', '실체가 있는' 등을 의미하는 단어입니다. 특별히, 요한복음에서 "참"이라 번역되어 사용되는 알레씨노스는 예수님이 실제로 혹은 참으로 생명·영생을 주시는 분임을 나타냅니다. 예를 들어, "참"이라는 단어는 예수님을 "참 빛"(요1:9), "참 떡"(요6:32) 등으로 묘사합니다. 예수님은 세상(사람)의 죄와 죽음의 어둠을 생명의 말씀으로 밝

히시는 생명의 참 빛이요, 세상(사람)이 영생을 얻도록 자신의 몸을 생명의 양식으로 주시는 참 떡이십니다. 그리고 오늘 본문의 참 포도나무 역시 예수님이 실제로 생명을 주는 분이심을 나타냅니다. 포도나무는 그에 붙은 가지에 양분과 물을 공급해 생명을 줍니다. 참 포도나무이신 예수님도 그에게 붙어 있는 제자들에게 생명의 양식과 물을 공급해 살게 하십니다. 포도나무에 붙어 있는 가지가 푸른 생명의 빛을 띠며 자라듯이, 예수님께 붙어 있는 제자들도 푸른 생명의 빛을 띠며 아름답게 살아갑니다. 예수님은 생명을 주는 참 생명 나무입니다.

특히, 예수님이 "참 포도나무"라는 표현은 그가 열매 없는 가짜 포도나무가 아니라는 것을 나타냅니다. "참 포도나무"는 열매 맺는 진짜 포도나무를 의미합니다. 참 포도나무는 가지에 양분과 물을 공급하여 생명을 얻게 할 뿐만 아니라 열매를 맺히게 합니다. 마찬가지로 예수님도 그 가지인 제자들에게 양분과 물을 공급하여 생명을 얻게 하고 열매가 맺히게 합니다. 포도나무에 붙어 있는 가지가 푸른 생명의 빛을 띠고 붉은빛의 열매를 맺듯이, 예수님께 붙어 있는 제자들도 푸른 생명의 빛을 띠며 붉은빛의 달고 좋은 열매를 맺습니다. 예수님은 열매 맺지 않는 가지를 제거하시고 열매 맺는 가지는 더 열매를 맺도록 깨끗이 하신다고 하십니다. 이를 통해 자신이 열매 맺는 참 포도나무이심을 다시 한번 강조합니다(요15:2).

이 참 포도나무(가지)에 맺히는 열매는 사랑입니다. 예수님은 요15:9-14에서 이 참 포도나무 가지에 맺히는 열매는 하나님이 예수님을 사랑하시고 예수님이 제자들을 사랑하듯이 제자들도 서로를 사랑하는 것이라고 가르치십니다. 예수님은 하나님께 사랑을 받으시고 그 받은 사랑을 자신에게 붙어 그와 함께 사는 제자들에게 공급해 주십니다. 그리고 제자들은 그 받은 것과 같은 사랑이 열매로 풍성히 맺힙니다. 예수님은 그 가지에 사랑의 열매가 주렁주렁 달린 참 포도나무입니다. 사랑이 우리를 살게 하는 양식과 물입니다. 사랑을 먹고 자라 사랑을 열매로 맺고 그것을 서로 나누는 것이 예수님 제자들의 인생의 특징입니다. 사랑의 열매는 생명의 힘이 있습니다. 사랑의 열매를 먹고 자라는 아이들이 몸과 마음이 튼튼하고 예쁘게 자라듯이 사랑의 열매를 맺고 그것을 서로 나누는 제자 공동체(교회)도 건강하고 아름답게 성장합니다.

자신을 참 포도나무로 비유하신 예수님은 그의 아버지는 나무를 관리하고 보살피는 농부로 비유하십니다. 요15:2처럼 농부이신 아버지의 일은 열매 맺지 아니하는 가지를 전부 잘라 버리고 열매 맺는 가지가 더 열매를 맺도록 깨끗하게 하는 것입니다. 열매 맺는 가지는 예수님이 이미 그의 말씀으로 깨끗하게 하신 제자들을 가리킵니다(요15:3). 즉 예수님으로 말미암아 죄 씻음을 얻은 그의 백성들입니다. 그러니 열매를 맺지 않는 가지는 예수님의 말씀으로 깨끗하게 씻음 받지 않은 더러운(부정한) 사람들입니다. 그들은 예수님의 말씀을 받아들이지 않아 여전히 죄 씻음 받지 못한 사람입니다. 무엇보다 그들은 사랑을 열매로 맺지 않는 더러운 가지입니다. 아버지는 이 더럽고 부정한 가지를 철저히 모두 잘라 버리십니다.

예를 들어, 그들은 예수님을 배신한 기룟 유다와 같은 사람입니다. 예수님은 앞선 요한복음 13장에서 베드로를 비롯한 제자들의 발을 씻기시며 그들이 이미 깨끗하다 하십니다. 하지만 자기를 팔아넘길 유다는 깨끗하지 않다고 하셨습니다. 농부이신 아버지는 사랑의 열매를 맺지 않는 더러운 가지를 제거하시는데 아주 철저하십니다. 왜냐하면, 이 더러운 가지는 사랑의 열매를 맺지 않을뿐더러 유다처럼 악을 열매로 맺기 때문입니다. 또한, 이들은 열매 맺는 가지에 비추이는 빛을 가로막아 성장을 방해하고 그들이 먹고 마셔야 하는 양분과 수분을 빼앗아 먹어 더 많이 열매 맺지 못하게 하기 때문입니다. 사랑하지 않는 제자는 사랑으로 가득해야 할 공동체를 망가뜨립니다. 사랑이 아니라 미움과 증오와 분노와 가시로 가득 채워 공동체를 죽입니다.

어떻게 해야 사랑의 열매를 맺을 수 있는 것일까요? 이 사랑의 열매를 우리 힘으로 스스로 맺을 수 있는 것은 아닙니다. 가지가 포도나무에 붙어 양분을 먹지 않으면 열매를 맺을 수 없듯이 우리가 예수님께 붙어 그의 사랑을 먹지 아니하면 사랑의 열매를 맺을 수 없습니다. 예수님은 내 안에 거하라, 나도 너희 안에 거하리라, 가지에 붙어 있으라 반복해 말씀하십니다. 내가 너희를 사랑한다 늘 말씀하십니다. 예수님께서 우리에게 주시는 사랑의 양분과 물을 먹어야 사랑의 열매가 맺힙니다. 이 순리대로 예수님의 사랑을 받아먹고 사랑을 열매로 맺으며 또 그 열매를 서로 나누어 먹는 건강하고 선한 백성 공동체를 이루어야 합니다. 이것이 예수님이 세상에 오시는 목적입니다. 이 사랑의 열매를 가득 맺기를 다짐하는 성탄절이 되길 바랍니다.

106 이 구문은 직역하면 '내 안에 있으며 열매를 맺지 아니하는 모든 가지는'이다. '무릇'이라 번역된 헬라어 단어는 '모든', '전부'라는 의미를 갖는 파스이다. 열매 맺지 아니하는 사람들 '모두', 혹은 '전부'를 하나도 예외 없이 제거해 버리실 것이라는 단호하고 강력한 심판의 메시지이다. '내게 붙어 있어'라 의역된 전치사구 엔 에모이는 '~안에'라는 의미의 전치사 엔과 일인칭 대명사 에모이로 구성된다. '내게 붙어 있어'라 의역할 필요 없이 '내 안에 있는'이라고 읽어도 된다. 이는 예수님 안에 거하는 사람들을 직접적으로 지칭한다. 전치사구 엔 에모이는 4절에서도 '내 안에 (거하라)'라고 번역되어 사용된다. 포도나무 안에 있는(붙은) 가지가 열매를 맺을 수 밖에 없듯이, 예수님 안에 있는 사람들도 열매를 맺을 수밖에 없다. 그렇기 때문에 열매 맺지 않는 사람들은 예수님 안에 있는 것이 아니며 제거되어야 할 더러운 가지이다.

107 "깨끗하게 하시느니라"라고 번역된 단어는 동사 카타이로이다. 이 단어의 명사형인 카타로스가 3절에 '깨끗하여 졌으니'라 번역되어 사용된다. 이 두 단어는 구약 율법(정결법)이 말하는 정결함, 깨끗함을 의미한다. 죄에서 깨끗하게 씻음 받은 상태를 표현한다. '너희는 내가 일러준 말로 이미 깨끗하여졌으니'라는 3절 말씀은 예수님의 제자들이 그의 가르치는 말씀으로 죄 씻음을 얻어 깨끗하여졌음을 나타낸다. 이는 사람의 정함과 부정함, 혹은 죄인과 의인을 나누는 기준이 더 이상 구약 율법에 있지 아니하고 예수님의 말씀에 있음을 나타낸다. 예수님의 말씀으로 정결함과 죄 씻음을 얻는다. 예수님의 말씀으로 죄에서 정결함 혹은 깨끗함을 얻은 사람들은 예수님 안에 거하며 열매를 맺는다.

108 '내 안에 거하라 나도 너희 안에 거하리라'는 말씀은 예수님과 우리의 온전한 연합을 묘사한다. '내 안에'라 번역된 전치사구 엔 에모이는 요한복음 14-15장에 지속해서 반복되어 나타난다. 요14:2에 '내게 붙어있어', 4절 후반부에 '붙어 있지', '내 안에 있지'로, 5절엔 '그가 내 안에', 6절엔 '사람이 내 안에', 7절에 '너희가 내 안에'로 번역되어 지속해서 나타난다.
'거하라', '거하리라'라 번역된 메노는 '살다', '거주하다', '남다', '여전히 머무르다'라는 의미이다. 메노는 성막과 성전에 거하시던 하나님의 임재를 나타내는 단어이다. '내 안에 거하라'는 말씀은 예수님과 그의 가르침안에서 살라는 의미이다. 메노 역시 요14:16, 17, 25, 15:4-7, 10-11, 16에서 반복적으로 사용된다. 이 반복되는 사용은 예수님 안에 있는 것, 거하는 것, 사는 것, 남아 있는 것, 그리고 그가 우리 안에 있는 것이 예수님이 가장 강조해 말씀하시는 것임을 알게 한다.
요한복음 14장 후반부에서 예수님은 그가 세상에서 제자들과 함께 머무르며 사셨듯이 보혜사 성령을 보내어 저들 안에 머물러 사실 것이라고 약속하신다. 요한복음 15장에서는 보혜사 성령을 통해 그들 안에 머무르시며 함께 사시겠다는 약속과 함께 '내 안에 머무르라', '내 안에 살라', '내 안에 있으라', '내 사랑안에 거하라' 계속해서 말씀하시고, '나도 너희 안에 있으리라/살리라' 약속하신다. 우리가 예수님 안에 거하는 것은 보혜사 성령과 항상 함께 있는 것이다. 이는 하나님의 영인 보혜사 성령이 이제 예루살렘 성전이 아니라 예수님의 제자들 안에 거하시며 그들의 몸을 성전 삼으신다는 것을 시사한다.

묵상과 적용을 위한 질문

1. 여러분의 마음과 삶은 예수님께 붙어 있어 그가 주시는 사랑의 양식과 물을 먹고 마시며 사랑을 열매로 맺고 있나요? 만일 그렇지 않다면 여러분이 먹고 마시는 것은 무엇이며 어떤 열매를 맺고 있나요?

2. 예수님 안에 있어 그 사랑을 받고 사랑을 열매로 맺기 위한 구체적인 방법은 무엇이 있을까요?

 나만의 묵상 메모

오늘 묵상을 통해 주신 깨달음에 대해 기록해 보세요.

저자와 함께하는 한 줄 기도

오직 주 예수님께 붙어 있어 주의 사랑을 먹고 사랑을 열매로 맺는 인생이 되게 하소서.

 기도와 결단

오늘 묵상한 말씀의 적용과 삶의 결단을 담아 자신의 기도를 적어 보세요.

"나는 포도나무요 너희는 가지라"(2)
: 사랑하는 사람을 위해 목숨을 버리는 사랑의 열매

오늘의 본문

15:5 나는 포도 나무요 너희는 가지라 그가 내 안에, 내가 그 안에 거하면 사람이 열매를 많이 맺나니[109] 나를 떠나서는 너희가 아무 것도 할 수 없음이라[110]

15:6 사람이 내 안에 거하지 아니하면 가지처럼 밖에 버려져 마르나니 사람들이 그것을 모아다가 불에 던져 사르느니라

15:7 너희가 내 안에 거하고 내 말이 너희 안에 거하면 무엇이든지 원하는 대로 구하라 그리하면 이루리라

15:8 너희가 열매를 많이 맺으면 내 아버지께서 영광을 받으실 것이요 너희는 내 제자가 되리라[111]

15:9 아버지께서 나를 사랑하신 것 같이 나도 너희를 사랑하였으니 나의 사랑 안에 거하라

15:10 내가 아버지의 계명을 지켜 그의 사랑 안에 거하는 것 같이 너희도 내 계명을 지키면 내 사랑 안에 거하리라

15:11 내가 이것을 너희에게 이름은 내 기쁨이 너희 안에 있어 너희 기쁨을 충만하게 하려 함이라

15:12 내 계명은 곧 내가 너희를 사랑한 것 같이 너희도 서로 사랑하라 하는 이것이니라

15:13 사람이 친구를[112] 위하여 자기 목숨을 버리면 이보다 더 큰 사랑이 없나니

15:14 너희는 내가 명하는 대로 행하면 곧 나의 친구라[113]

15:15 이제부터는 너희를 종이라 하지 아니하리니 종은 주인이 하는 것을 알지 못함이라 너희를 친구라 하였노니 내가 내 아버지께 들은 것을 다 너희에게 알게 하였음이라

15:16 너희가 나를 택한 것이 아니요 내가 너희를 택하여 세웠나니 이는 너희로 가서 열매를 맺게 하고 또 너희 열매가 항상 있게 하여 내 이름으로 아버지께 무엇을 구하든지 다 받게 하려 함이라

15:17 내가 이것을 너희에게 명함은 너희로 서로 사랑하게 하려 함이라

저자 해설 및 묵상

　　예수님은 다시 한번 "나는 포도나무요 너희는 가지니"라고 말씀하십니다. 이 포도나무와 가지 은유가 상징하는 것은 무엇일까요? 예수님은 "그가 내 안에, 내가 그 안에 거하는" 예수님과 제자들의 완전한 연합을 상징한다고 밝히십니다(요15:5). 이 포도나무와 가지 은유를 주시는 목적은 무엇일까요? 예수님이 제자들 안에 거하고 제자들이 예수님 안에 거하여서 많은 사랑의 열매를 맺게 하기 위함이라고 하십니다(요15:5, 12, 17). 예수님은 가지가 포도나무에 붙어 있어야 살고 열매를 맺을 수 있듯이 사람이 예수님에게 붙어 연합해야 살고 사랑의 열매를 맺을 수 있다고 말씀하십니다. 포도나무에서 떨어진 가지는 죽고 아무런 열매를 맺을 수 없듯이 사람은 예수님과 밀착하는 연합 없이는 살 수 없고 아무런 사랑의 열매(일)도 맺을(행할) 수 없습니다. 포도나무에서 떨어진 가지가 버려지고 말라서 불에 태워지는 것처럼 예수님 안에 머물지 않고 밀착하여 연

합하지 않는 사람도 결국엔 생명을 잃고 지옥 불에 던져질 것입니다.

예수님은 요15:7에서 "그가 내 안에, 내가 그 안에 거하는" 연합을 "너희가 내 안에 거하고, 내 말이 너희 안에 거하는 것"이라 바꾸어 표현하십니다. 예수님과의 연합은 우리가 예수님 안에 거하고, 예수님의 말씀(계명)이 우리 안에 거하는 것임이 분명해집니다. 어떤 말씀이 우리 안에 거하는 것일까요? 예수님은 요15:12, 17에서 서로 사랑하라는 명령하십니다. 요15:9에서 우리를 사랑한다고 하시고 나의 사랑 안에 거하라고 말씀하신 예수님은 그 받은 사랑으로 서로를 사랑하라 말씀하십니다. 우리가 예수님 안에 거하고 그의 말이 우리 안에 거하는 것은 우리가 예수님의 사랑 안에 거하며 그 받은 사랑으로 서로를 사랑하라는 말씀을 순종하는 것입니다. 예수님은 서로 사랑하는 열매를 맺기 위해 무엇이든 구하면 이루어 주실 것이라고 약속하십니다(요15:7). 예수님께 붙어 있어 그의 사랑을 먹고 그 사랑과 같은 서로 사랑의 열매를 맺기 위해 기도하며 하나님 아버지께 영광을 드리는 사람들이 예수님의 제자입니다(요15:8).

예수님은 어떤 사랑을 서로 하라고 명령하시는 걸까요? 예수님이 요15:9에서 "아버지께서 나를 사랑하신 것 같이 나도 너희를 사랑하였으니 나의 사랑 안에 거하라"고 말씀하셨듯이 서로 사랑의 근원은 아버지 하나님께서 아들 예수님에게 주신 사랑입니다. 그리고 예수님은 그 받은 사랑을 아들과 딸처럼 사랑하는 우리에게 주신 것입니다. 내리사랑입니다. 이 아버지와 아들의 사랑을 서로에게 주는 것입니다. 또한, 예수님은 요15:10에서 자신이 아버지의 계명을 지키며 아버지가 주시는 사랑 안에서 살아가는 것처럼, 너희도 나의 계명을 지키며 내가 주는 사랑 안에서 살아가라고 하십니다. 예수님이 아버지께 받은 계명(말씀)은 그에게 주신 양들을 대신해(위해) 목숨을 버리는 사랑을 하라는 것입니다(요10:11). 그리고 예수님이 우리에게 주시는 계명은 "내가 너희를 사랑한 것 같이 너희도 서로 사랑하라"는 것입니다(요15:12). 즉, 예수님이 우리에게 목숨을 버리는 사랑을 하신 것 같이 우리도 서로에게 목숨을 버리는 사랑을 하라는 것입니다. 목숨을 내어주는 사랑으로 하나님, 예수님, 나, 그리고 우리는 서로 연합합니다.

예수님은 이어지는 요15:13에서 이 서로 사랑하라는 말씀(계명)이 서로를 대신해(위해) 목숨을 버리는 사랑을 하라는 것임을 분명히 하십니다. 예수님은 사람이 친구, 즉 사랑하는 사람을 위하여 목숨을 버리는 것보다 더 큰 사랑은 없다고 가르치십니다. 이 말씀은 서로 사랑하라는 예수님의 계명이 적당히 사랑하는 것이 아니라, 사랑하는 사람(친구)을 대신해(위해) 목숨을 버리는 사랑을 하라는 것임을 분명히 알려줍니다. 우리는 우리를 대신해(위해) 목숨을 버리신 예수님의 사랑 안에 거합니다. 그리고 그와 같이 목숨을 내어주는 사랑을 하며 예수님과 함께 살아갑니다. 포도나무인 예수님이 먼저 그에게 붙어 있는 가지인 제자들에게 목숨을 버리는 사랑을 공급해 주십니다. 그리고 이 목숨을 주는 사랑을 먹고 자라는 제자들은 서로를 위해 목숨을 내어주는 동일한 사랑의 열매를 맺습니다. 하나님, 예수님, 나, 우리는 모두가 서로를 대신해(위해) 목숨을 버리는 사랑을 하고 그 사랑 안에 연합하며 함께 살아가는 것입니다.

성탄은 이 목숨을 버리는 사랑의 구체적인 실현이자 모본입니다. 목숨을 버리는 예수님의 사랑을 받은 교회 공동체는 사랑하는 공동체 구성원(친구)을 대신해(위해) 목숨을 버리는 사랑의 열매를 맺습니다. 적당한 사랑이 아니라 사랑하는 형제·자매(친구)를 대신해(위해) 목숨을 버리는 사랑입니다. 예수님은 자신과 같이 목숨을 버리는 사랑을 하는 우리들을 더 이상 종이 아니라 사랑하는 동역자(친구)라 불러 주십니다(요15:14-15). 예수님과 같이 목숨을 버리는 사랑을 하는 우리는 예수님의 기쁨과 같은 기쁨으로 충만할 것입니다(요15:11). 이 목숨을 버리는 사랑이 우리가 성탄절에 기념하고 실행해야 할 진정한 하나님의 뜻입니다. 성탄절을 기념하며 이 목숨을 버리는 사랑이 교회와 세상에 가득하고 그로 인한 기쁨이 넘치길 기도합니다(요15:11).

109 이 구문을 직역하면 "내 안에 거하는 사람, 그리고 나도 그 안에 거하는 사람, 이 사람이 열매를 많이 맺는다"이다. '이 사람이'라는 의미의 헬라어 지시대명사 후토스는 예수님과 완전한 연합을 맺은 '이 사람이 많은 열매를 맺는다'는 명백한 사실을 강조한다. 우리가 예수님께 붙어 있다면 열매는 많이 맺히기 마련이다.

110 "나를 떠나서는 너희가 아무것도 할 수 없음이라"는 말씀은 신자가 예수님 없이 아무런 (사랑의) 열매도 맺을 수 없다, 혹은 아무런 선행을 할 수 없다는 것을 강조한다. "나를 떠나서는"이라 번역된 헬라어 전치사구 코리스 에무는 "나를 떠나서", "나에게서 따로 떨어져서는", "나 없이는", "나를 제외하고는"이라는 의미이다. "내 안에"라는 말씀과 정확히 반대되는 의미이다.

"아무것도 할 수 없음이라"라고 번역된 헬라어 구문은 정확히 직역하면 "아무것도 행할 수 없음이라" 혹은 "아무것(열매)도 맺을 수 없음이라"이다. 한글 성경은 '행하다', '일하다', '(열매)맺다' 등을 의미하는 동사 포이에오를 생략해 번역하였다. 신자는 예수님 없이 순종의 선행, 하나님의 뜻을 행함, 의의 행위, 특히 사랑을 행하는 일 등을 절대 행할 수 없다. 우리는 예수님께 붙어 그의 사랑을 공급받아야 살 수 있고 사랑을 행할 수 있다.

특히, 코리스 에무는 요1:3에서 "그가 없이는"이라고 말한다. "지은 것이 하나도 그가 없이는 된 것이 없느니라." 예수님 없이는 천지창조도 없고, 우리도 없고, 우리가 행할 수 있는 것도 없다. 예수님이 천지를 창조하시고, 우리도 만드시고, 우리의 행위도 가능하게 하신다. 예수님은 천지 모든 만물과 우리를 살게 하시고 주의 뜻을 행하게 하시는 힘의 근원이시다.

111 개역개정은 헬라어 접속사 히나를 "열매를 많이 맺으면"과 "제자가 되리라"로 번역하여 열매를 맺는 것이 제자가 되는 어떤 조건처럼 보이게 한다. 하지만, 목적, 결과, 동격 등을 나타내는 접속사 히나는 본문에서는 동격으로 사용된다. '곧'이라 번역하는 것이 가장 좋다. 적절한 번역은 "이것으로 내 아버지가 영광을 받으셨으니, 곧 너희가 열매를 많이 맺는 것과 너희가 나에게 배우는 자(제자)가 된 것이다"이다. 예수님은 이어지는 구절에서 제자들에게 내 안에 거하여 사랑의 열매를 맺으라고 가르치신다(요15:9-14).

112 "친구"라 번역된 헬라어 필로스는 '친구'를 의미 하는 단어이지만 기본 뜻은 '사랑하는 사람'이다. '소중한 사람', '사랑하는 사람', '동료', '동반자', '가족같이 여기는 사이', '형제·자매', '친구'등을 의미한다. 필로스는 '사랑하다'라는 의미의 동사 필레오의 명사형이다. 필레오는 '사랑하다'라는 의미의 아가파오의 동의어이기도 하다(예수님은 두 단어를 큰 의미의 구별 없이 교차적으로 사용하신다(요5:20, 12:25, 16:27). 예를 들어, 요5:20에서 필레오는 "(아버지께서 아들을) 사랑하며"라고 번역되어 사용된다. 오늘 본문인 15:13, 14, 15절에 "친구"라 번역된 필로스노 예수님이 '(형제·자매·가족으로 여기며) 사랑하는 사람'로 이해하는 것이 좋다. 특히, 본문(요15:13-14)의 필로스는 너희를 사랑한다, 나의 사랑 안에 머물러 있으라, 서로 사랑하라 말씀하시는 문맥 안에 있기 때문에 친구보다는 사랑하는 사람으로 이해하는 것이 자연스럽다. 15절에서 필로스는 '종'과 반대되는 의미로 사용된다. 종과 대조되는 의미에서 '친구'보다는 주인과 동일한 신분과 권세를 갖는 '자녀·형제·자매처럼 사랑하는 사람'으로 이해하는 것이 좋다. 또한, 종이 아니라 예수님이 아버지께 들을 것을 알게 하여서 함께 일하는 '지극히 사랑하는 동역자'로 이해해도 무리가 없다. 필로스를 반드시 '친구'로 번역할 필요도 없다. 예를 들어, 요19:12에서 필로스는 빌라도를 가리켜 (가이사의)

'충신'이라 번역되어 사용된다. 이는 가이사에게 있어 빌라도는 '사랑하는 자', '사랑을 입은 자(최측근)', 혹은 "사랑하는 동지"였음을 알려준다. 13절을 직역하면 '그의 형제와 자매처럼 혹은 자식처럼 사랑하는 자를 대신해 그의 목숨을 버리는 것보다 더 큰 사랑을 소유하는 이는 아무도 없다'이다. 형제·자매처럼 사랑하는 사람과 교회 공동체를 가장 크게 사랑하는 방법은 그들을 대신해 (위해) 죽는 것이다.

113 예수님이 명하는 대로 행하는 것이 예수님의 사랑을 받는 사람(친구)이 되는 조건으로 오해할 수 있어 보이는 구문이다. 하지만 다음절에서 예수님은 어떤 조건에 따라 제자들을 그가 사랑하는 사람으로 부르신 것이 아니라 이미 너희를 내가 사랑하는 사람(친구)이라 택하여 불렀고, 아버지가 자기에게 하신 말씀을 다 알려 주었다고 확정적으로 말씀하신다.

묵상과 적용을 위한 질문

1. 예수님은 우리에게 날마다 사랑한다고 말씀하십니다. 포도나무이신 예수님이 가지인 우리에게 날마다 공급해 주시는 사랑을 받고 있나요? 오늘 성탄절에 특별히 어떤 사랑을 공급 받으시나요?

2. 예수님은 십자가에서 목숨을 내어주시기까지 우리를 사랑하십니다. 그렇다면 그 사랑을 받은 우리들은 교회 공동체를 위해 어떻게 목숨을 내어주는 사랑을 할 수 있을까요? 오늘 성탄절을 맞이하여 어떤 목숨을 내어주는 사랑을 실천할 수 있을까요?

 나만의 묵상메모

오늘 묵상을 통해 주신 깨달음에 대해 기록해 보세요.

저자와 함께하는 한줄 기도

예수님이 우리를 대신해(위해) 목숨을 내어주는 큰 사랑을 하셨듯이 우리도 그 사랑을 힘입어 목숨을 내어 주는 큰 사랑을 하게 하소서.

 기도와 결단

오늘 묵상한 말씀의 적용과 삶의 결단을 담아 자신의 기도를 적어 보세요.

나가면서

요한복음의 프롤로그(1:1-18)와 '내가 … 이다(에고 에이미)' 말씀은 4복음서의 여러 핵심 요소를 압축적으로 내포하고 있습니다. 이 구절들은 압축률을 극대화한 집파일(zip file)보다도 압축도가 훨씬 더 높습니다! 이 구절들 안에 들어 있는 저자 요한의 '압축파일'을 살펴보면, 실제로 다이너마이트를 초월하는 신학적, 실천적 폭발력이 내재하여 있음을 보게 됩니다. 저희가 이번에 준비한 묵상집은 그 거룩한 폭발력에 관해 그저 아주 조금, 매우 제한적으로 나눈 것에 불과합니다. 저희의 부족함 때문에 제대로 못 나눈 부분도 많을 줄 압니다. 그러나 저자들의 부족함에도 불구하고 이번 말씀 묵상을 통해 독자들께서 살아 있고 운동력 있는 하나님 말씀의 능력과 안위를 경험하신 줄 믿으며, 그 능력과 안위를 힘입어 주님 따라 한 걸음씩 앞으로 계속 내딛으시기를 기도하며 응원합니다. 그리고 저희가 먼저 그렇게 살 수 있기를 진심으로 간구합니다. 사도 요한이 말하는 '영생'이란 단지 미래의 실체만이 아니라 이미 시작된(inaugurated) 실체입니다(요3:16-21 참조)! 예수님의 제자 된 저희의 삶이 그 영원한 생명을 간접적으로나마 시연하는 인생이 되기를 간구합니다. 어둠에 비추신 빛 되신 그리스도를 의미 있게 반영하는 삶이 되길 갈구합니다.

이장렬, 이충재

나를 일으켜 세우는 감사

21 Days 일간의 말씀묵상

21 Days of Reflection on God's Word

150X220 | 198쪽 | 이장렬·이충재 지음 | 요단

이 책은 우리가 직면하는 고난과 어려움 속에서도 감사를 통해 다시 우리를 다시 일으켜 세우시는 하나님을 만나는 희망을 안겨준다. 추수감사절을 염두에 두고 저술되었지만, "범사에 감사하라"는 말씀처럼 언제 묵상을 시작해도 성도들이 하나님께 '감사로 제사를 드리는 삶'을 누리도록 안내하는 소중한 묵상집이다.

서울시 영등포구 국회대로 76길 10 www.holylife.co.kr / www.jordanbook.com
출판편집 02-2643-9155 요단영업 02-2643-7290~1

요단 | 디사 도서출판 이플

예수님의 고난과 부활에 대한 40일간의 묵상 II

요한복음 13~20장을 중심으로

나를 위해 십자가 지신 주님의 길을 따라 갑니다!

이장렬 지음 | 150x220 | 196쪽 | 10,000원 | 요단

유관재 목사, 류웅렬 교수, 정성욱 교수, 권호 교수, 임도균 교수, 이요섭 원장 추천!

사순절 기간, 예수님의 고난의 발자취를 따르는 탁월한 방법!
각 교회에서 사순절 묵상 모임이나
사순절 특별 새벽기도 교재로 사용 가능합니다.

책 소개

- 요한복음 13-20장은 예수님의 십자가 고난 12시간을 상세하게 기록합니다. 주님의 고난과 부활을 기억하는 사순절 기간에 묵상하기에 안성맞춤인 이 구절을 기본으로 저자는 깊은 묵상과 적용을 제시합니다.

- 매일 그리고 매주, 묵상을 적용하고, 평가할 수 있는 적용란을 제공합니다. 각 교회에서 묵상 나눔 모임 교재로 활용할 수 있도록 기획되었습니다.

- 3주간 진행할 수 있는 스케줄을 부록으로 첨부하였습니다.

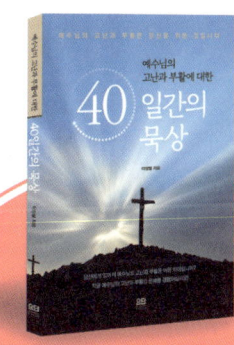

40일간의묵상 I
이장렬 지음 | 150x220 | 264쪽 | 12,000원 | 요단

서울시 영등포구 국회대로 76길 10 www.holylife.co.kr / www.jordanbook.com
출판편집 02-2643-9155   요단영업 02-2643-7290~1

요단 디사 도서출판 이플